신화

생각이 크는 인문학_신화

지은이 이경덕
그린이 이진아

1판 1쇄 발행 2020년 12월 16일
1판 4쇄 발행 2022년 9월 30일

펴낸이 김영곤
키즈사업본부장 김수경
에듀2팀 이영애 김은영 이유리
아동마케팅영업본부장 변유경
아동마케팅1팀 김영남 황혜선 황성진 이규림
아동마케팅2팀 임동렬 이해림 안정현
아동영업1팀 이도경 오다은 김소연
아동영업2팀 한충희 오은희 강경남
디자인팀 이찬형

펴낸곳 (주)북이십일 을파소
출판등록 2000년 5월 6일 제406-2003-061호
주소 (우 10881) 경기도 파주시 회동길 201(문발동)
연락처 031-955-2100(대표) 031-955-2177(팩스)
홈페이지 www.book21.com

ⓒ 이경덕, 2020

ISBN 978-89-509-9304-7 43380

• 제조자명 : (주)북이십일
• 주소 및 전화번호 : 경기도 파주시 회동길 201(문발동) / 031-955-2100
• 제조연월 : 2022.09.
• 제조국명 : 대한민국
• 사용연령 : 8세 이상 어린이 제품

생각이
크는
인문학

㉛ 신화

글 이경덕
그림 이진아

을파소

목 차

머리글 8

1장

신화에 대해 얼마나 알고 있을까?

4장

우리는 왜 지금도 신화를 읽을까?

5장

신화를 알면 무엇이 달라질까?

인류의 오랜 친구 '신화'가 들려주는 삶의 지혜

먼 옛날 사람들이 사냥과 채집으로 먹을 것을 마련하던 때의 일입니다. 어느 날 아메리카 원주민들이 사냥을 위해 마을을 떠났어요. 그날따라 사냥감이 보이지 않아 원주민들은 먼 곳까지 가야 했는데, 너무 멀리 나온 탓에 그만 길을 잃어버리고 말았지요. 그들은 마을로 돌아가는 길을 찾기 위해 애를 썼지만 어디로 가야 할지 몰랐어요. 서로 우왕좌왕하는 사이에 시간은 흐르고 해가 뉘엿뉘엿 저물기 시작했습니다. 자칫하면 길에서 밤을 지새우게 생겼어요. 그때 부족을 이끄는 추장이 사람들을 한자리에 모으고 이렇게 말했어요.

"이럴 것이 아니라 신에게 제사를 지내고 마을로 돌아가는 길을 알려 달라고 하자."

사람들은 추장의 말을 따라서 신에게 제물을 바치고 제사를 지냈어요. 그러자 어디선가 작은 아이 한 명이 이들 앞에 나타났어요. 제사를 지내던 원주민들은 갑자기 나타난 그 아이를 바라보았죠. 아이가 말했어요.

"나는 북쪽의 별이다. 너희 마을은 여기서 북쪽으로 가야 하니 나를 따라오너라."

마을로 돌아갈 길을 찾은 사람들은 기뻐하며 아이의 뒤를 따라갔지요. 얼마쯤 갔을 때 아이는 온데간데없이 사라지고 마을이 나타났어요. 사람들은 안도의 한숨을 내쉬고 매우 기뻐하며 자기들을 구해 준 북쪽의 별을 '움직이지 않는 별'이라고 부르기로 했어요. 아메리카 원주민들은 죽으면 하늘로 올라가 별이 되어 움직이지 않는 별의 주위를 돈다고 믿어요.

이 이야기는 아메리카 원주민에게 전해 내려오는 신화예요. 이 이야기에서 여러 가지 생각을 읽을 수 있어요. 가장 먼저 떠올릴 수 있는 것은 움직이지 않는 별이 북극성이라는 거예요. 밤하늘에서 움직이지 않는 별을 보고 방향을 알려 주는 신으로 생각했다는 점에서 말이죠. 나침반이 없었던 과거에 선원이나 여행자들은 북극성을 보고 방향을 찾았거든요.

사람이 죽으면 밤하늘의 북극성 주위를 도는 별로 다시 태어난다는 부분에서는 죽은 다음 세상에 대한 아메리카 원주민들의 생각도 엿볼 수 있습니다. 아메리카 원주민들은 매일 밤하늘에 반짝이는 별들을 보며 죽은 조상님들의 모습을 기억하고 떠올릴 거예요. 돌아가신 할아버지나 할머니가 보고 싶으면 밤하늘의 별을 대신 보며 만나면 되는 거죠.

움직이지 않는 별에서는 변하지 않는 가치에 관한 것들로 생각의 폭을 넓혀 볼 수도 있어요. 예를 들면 서로 도우며 살아야 한다는 삶의 소중한 지혜 같은 것들 말이에요. 인생의 갈림길에 서서 어떤 선택을 해야 할지 모를 때 움직이지 않는 별처럼 변하지 않는 가치를 통해 길을 찾을 수도 있겠지요.

이처럼 짤막한 신화 속에도 참 많은 생각이 담겨 있답니다. 여러 가지 생각을 이야기 안에 품고는 여러분에게 그 생각을 찾아보라고 말이죠.

첫머리에 아메리카 원주민의 신화를 소개한 것은 여러분과 함께 신화의 세계로 들어가기 위해서예요. 신화의 세계를 함께 여행하다 보면 신화가 어떤 것인지, 왜 신화를 읽고, 알아야 하는지 알게 될 테니까요.

자, 이제 신화의 세계 속으로 들어가 볼까요?

2020년

이경덕

나무로 사람을 만드는 북유럽 신이 있다고?

신화에는 황당하다고 할 만큼 어처구니없는 사건들이 종종 등장해요. 우리나라 최초의 건국 신화인 단군 신화에 대해 알고 있을 거예요. 단군 신화는 하늘의 신 환인의 아들인 환웅이 오랫동안 하늘에서 살기 좋은 땅을 찾다가 마침내 마음에 드는 곳을 발견해 3,000명의 무리를 이끌고 하늘에서 땅으로 내려오는 것으로 시작해요.

그런데 현대의 과학적 상식으로 생각해 보면 사람은 아무런 장치 없이 맨몸으로 하늘에서 그냥 내려올 수는 없어요. 영화 속 주인공인 아이언맨처럼 하늘을 날 수 있도록 도와주는 특수한 슈트를 입거나, 비행기처럼 하늘을 날 수 있는 물체를 타야만 안전하게 하늘에서 내려올 수 있지요. 도구를 쓰지 않으면 사람은 하늘에서 땅으로 허공을 걸으며 내려올 수는 없는 법입니다. 그런데 단군 신화에서는 아무렇지 않게 환웅과 함께 그를 따르는 3,000명의 무리가 하늘에서 내려왔다고 말해요. 참 황당하지요?

　이런 황당한 일은 단군 신화뿐만 아니라 다른 여러 신화에서도 자주 등장해요. 서양의 그리스 신화에서 메두사는 지혜의 신 아테나의 분노를 사 머리카락이 모두 뱀으로 변해 버렸지요. 아름다웠던 얼굴도 흉측하게 변하고 말았어요. 심지어 메두사와 눈이 마주친 사람들은 그 자리에서 그만 돌이 되어 버리는 저주에도 걸렸어요. 그런데 어떻게 사람을 돌로 변하게 할 수 있는 걸까요? 과거에는 눈에서 광선을 쏘아 돌로 변하게 하는 눈빛 광선이라도 있었던 걸까요? 과학이 크게 발달한 오늘날에도 머리카락을 살아 있는 뱀으로 바꾸거나, 사람을 돌로 바꾸는 일은 불가능해 보여요.

　사람이 허공을 걸어 하늘에서 땅으로 내려오는 이야기나, 사람이 돌로 변하는 이야기처럼 신화에는 과학적 상식으로는 믿기 힘든 황당한 이야기들이 자주 등장해요. 황당한 얘기를 조금 더 해볼까요? 머리는 사자이지만 몸은 인간인 괴물에 대해 들은 적이 있나요? 나무가 사람이 되었다는 이야기는요? 말도 안 된다고요? 하지만 그리스 신화에 나오는 '키마이라'라는 괴물은 머리와 다리는 사자의 형상이고, 몸통과 목 주변은 염소, 꼬리는 뱀의 모습을 하고 있어요. 이렇게 무서운 키마이라를 죽인 것은 하늘을 나는 말 페가수스를 탄 벨레로폰이라는 영웅이에요. 벨레로폰은 하늘 위에서 불을 뿜는 키마이라의 입속에 쇳덩어리를 던져서 물리쳤지요.

물론 우리가 사는 세상에는 키마이라처럼 생긴 무시무시한 괴물도 없고 하늘을 나는 말도 존재하지 않아요. 세상에 존재하지 않는 엄청난 괴물을, 역시 세상에 존재하지 않는 하늘을 나는 말의 도움을 받아 물리쳤다니 황당함의 연속이죠?

북유럽 신화에서는 최고 신 오딘이 바닷가를 거닐다가 파도에 밀려온 물푸레나무와 느릅나무로 인간을 창조해요. 나무로 인형을 만들 수는 있겠지만, 살아 움직이며 말하는 진짜 사람을 만들 수는 없는 법이지요. 그래서 어떤 사람들은 신화가 단순히 황당한 이야기라고 말하기도 하지요.

또 한편에선 신들이라면 어떤 일이든 할 수 있는 게 아니냐고 말하기도 해요. 하지만 만약 신화가 단지 황당한 이야기의 연속이거나 제멋대로인 신들의 이야기라면 오늘날까지 전해져 내려올 수 없었을 거예요. 우리는 왜 여전히 오래된 신화에 관심을 가지고 신들의 이야기를 이어나가고

있을까요?

신화는 인류가 만들어 낸 여러 문화 가운데 매우 중요한 유산 중 하나로 인정받고 있어요. 신화는 모든 이야기의 뿌리이기 때문에 신화의 다양한 소재들이 영화를 비롯해 그림이나 음악과 같은 예술, 건축, 문학 등 문화적인 분야에서 많이 활용되고 있지요. 신화가 단지 황당한 이야기에 불과하다면 이미 오랜 옛날에 사라지고 말았을 거예요. 그렇다면 신화는 어떻게 우리 곁에 남아 오래도록 전해질 수 있었을까요?

황금 손의 미다스가 불행해진 이유는 뭘까?

신문 같은 언론을 비롯해 많은 사람들이 '거짓말 같은 신화'라는 표현처럼 종종 신화를 거짓말에 비유해서 사용하곤 해요. 2002년에 개최된 한·일 월드컵에서 아시아의 약체라 평가되었던 우리나라 축구 국가대표팀이 4강에 진출했을 때 뉴스를 비롯한 온갖 언론에서 '대한민국의 4강 신화'라는 제목으로 우리나라의 거짓말 같은 월드컵 4강 진출 소식을 전했지요. "그건 신화에 불과해"라는 말도 거짓말이라는 의미로 자주 사용되는 말이에요.

신화는 과연 거짓말일까요? 신화가 거짓말이라고 말하는 사람들의 주장은 앞서 이야기한 것처럼 아무 도구도 쓰지 않고 맨몸으로 사람이 하늘에서 내려오거나, 머리카락이 살아 있는 뱀으로 변하는 것이 상식적으로 현실에선 절대 일어날 수 없는 일이라는 거예요. 나무가 사람으로 변신하는 것도 도저히 믿을 수 없는 일이기 때문에 거짓말이라는 거지요. 신화가 터무니없는 이야기라는 거예요.

그래요. 실제로 그런 황당한 일은 일어날 수 없어요. 신화 속 이야기가 현실에서는 일어날 수 없다는 관점에서만 생각한다면 신화는 거짓말이 돼요. 하지만 신화는 단순히 황당하거나 거짓말을 전하는 이야기가 아니에요. 단군 신화만 해도 하늘에서 사람이 내려오거나 곰이 사람으로 변하는 등 황당하다고 느껴질 법한 이야기들이 많지만, 사실 그 속에 숨겨진 얘기가 더 많아요. 고조선의 사람들이 하늘의 피를 물려받았다고 할 만큼 특별한 민족임을 나타내기 위해 하늘에서 내려왔다고 말한 거예요. 예나 지금이나 우리나라에서 하늘은 신성한 장소로 생각되었거든요. 또한 역사적으로 사실인지, 아닌지의 문제와는 별개로 신화에 담긴 이런 다양한 이야기들은 고대인들의 삶과 체험, 그리고 그들의 상상력을 고스란히 담고 있어요. 특히 신을 숭배했던 시기에 신화는 고대 사람들의 생각과 행동에 엄청난 영향을 미치기도 했죠. 우리는 신화를 통해서 조상들의 모습을 생생히 들여다볼 수 있는 거예요. 하지만 그것만이 신화의 역할은 아니랍니다.

우선 그리스 신화 이야기 가운데 미다스 왕의 이야기를 읽으며 신화란 어떤 것인지 차근차근 알아가 보려고 해요. 황금에 욕심이 많았던 미다스 왕의 이야기는 그리스 신화 중에서도 매우 유명한 신화랍니다. 한번 함께 읽어 볼까요?

어느 날, 술의 신인 디오니소스의 스승 실레노스가 술에 잔뜩 취했어요. 농부들은 술에 취한 실레노스를 잡아서 왕 앞으로 데리고 갔어요. 미다스 왕은 술에 취해 정신을 잃은 사람이 실레노스라는 것을 알아보고는 극진하게 대접을 했답니다. 미다스 왕은 당시 낯선 사람이 찾아오면 환대하는 그리스의 관례에 따라 9일 동안 잔치를 해서 실레노스를 기쁘게 한 다음, 디오니소스에게 데리고 갔어요. 갑자기 사라진 실레노스의 행방을 걱정하던 디오니소스는 실레노스가 무사히 돌아왔음에 크게 기뻐하며 미다스 왕에게 소원을 하나 들어주겠다고 말했지요. 그러자 욕심이 많은 미다스 왕은 이렇게 말했어요.

"내가 만지는 것마다 모두 황금으로 변하는 능력을 갖게 해 주시오!"

디오니소스는 미다스에게 다른 소원을 빌 기회를 주었지만 황금에 눈이 먼 미다스는 처음에 말한 소원을 들어달라고 요청했지요. 결국 디오니소스는 미다스 왕의 소원을 들어주었어요. 그때부터 미다스 왕이 만지는 것은 모두 황금으로 변했어요. 흙을 만지면 금가루가 되고, 돌을 만지면 금덩이가 되었지요. 어마어마한 황금을 갖게 된 미다스는 크게 기뻐했어요.

그러나 음식을 먹기 위해 빵을 집어 들 때면 빵이 금으로 변했고, 목이 말라 포도주를 마시려고 하자 포도주도 금으로 변해 버렸어요. 미다스가 손만 대면 무엇이든 황금으로 변했지요. 사람을 안을 수도 없었고, 귀여운 개를 쓰다듬을 수도 없었어요. 사랑스러운 딸의 손도 잡을 수 없었지요. 미다스 왕이 만지는 것은 모두 황금으로 변하고 말 테니까요.

결국 아무것도 먹지 못해 굶어 죽을 지경이 된 미다스는 자기의 잘못을 깨닫고 디오니소스 신에게 평범한 손을 가졌던 때로 되돌아가고 싶다며 용서를 빌었어요. 디오니소스는 팍톨로스라는 이름을 가진 강에 가서 몸을 씻으라고 명

령했어요. 디오니소스 신의 말대로 팍톨로스 강에서 몸을 씻고 나오자 미다스는 본래의 모습으로 돌아왔답니다.

여러분은 만지면 무엇이든 황금으로 변하는 미다스의 손을 가지고 싶나요? 오늘날 '미다스의 손'이라는 말은 손대는 일마다 성공하는 사람을 가리키는 말로 종종 사용되고 있어요. 하지만 미다스의 손처럼 손을 대면 금으로 변하는 기술은 세상 어디에도 없어요. 분명 거짓말이지요. 그런데 많은 사람들이 미다스 왕의 신화를 알고 있고, '미다스의 손'이라는 말도 자주 사용해요. 너무 많은 욕심을 부리면 도리어 화를 당한다는 교훈을 얻기도 하지요.

미다스 왕의 신화를 통해 교훈을 얻고, 새로운 표현을 만들어 낸 것처럼 신화 속 이야기는 진실인지, 거짓인지의 여부를 떠나 어떻게 활용할 것인지가 중요해요. 물론 신화가 오직 교훈을 전하기 위해서 만들어진 것은 아니랍니다. 여기에 대해서는 뒤로 가면서 하나씩 살펴보도록 할게요. 신화에는 단번에 알 수 없는 재미있는 비밀들이 곳곳에 숨겨져 있거든요.

전설일까, 신화일까?

　세상에는 많은 이야기들이 있어요. 우리가 만나고 있는 신화를 비롯해 전설이나 민담, 동화, 소설, 시나리오 등 예전에는 사람들의 입을 통해서 전해지다가 글로 기록되어 전해지는 것도 있고, 영화와 드라마처럼 영상과 함께 전해지는 것도 있지요. 이 중에서 특히 전설은 신화와 가장 많이 혼동되어 사용되곤 해요. 신화와 전설을 혼동하는 가장 큰 이유는 둘 다 오랜 옛날부터 전해져 내려오는 오래된 이야기라고 생각하기 때문이에요. 하지만 신화와 전설은 엄연히 서로 다른 특성을 가진 이야기랍니다.

　전설은 말 그대로 전해지는 이야기라는 뜻이에요. 특히 실제 지명이나 유적 등의 유래를 설명하는 이야기이지요. 우리나라 강원도 원주에서 전해지는 〈치악산 전설〉을 한번 함께 읽어 볼까요?

　때는 조선 시대입니다. 어느 한 선비가 한양으로 과거 시험을 보러 가던 길이었죠. 선비가 산을 넘어가는데 어디선가 새의 날개가 세차게 푸드덕거리는 소리가 들려왔어요. 선비가 소리 나는 곳을 찾아 달려가 보니 커다란 구렁이가 새끼 꿩을 노리고 있었어요. 어미 꿩은 구렁이를 저지하기 위해 애쓰고 있었지요. 새끼 꿩도 살기 위해 발버둥 쳤지만 구렁이에게서 벗어날 수 없었어요. 꿩을 불쌍히 여긴 선비는 활을 꺼내어 구렁이를 향해 화살을 쏘았어요. 덕분에 꿩은 살아서 숲속으로 돌아갈 수 있었지요. 꿩을 살려 준 선비는 가던 길을 계속 갔어요. 시간이 흘러 밤이 찾아왔고, 산속을 헤매던 선비는 불빛이 비치는 집을 발견해 하룻밤 묵기를 청했어요. 집 주인 여자는 순순히 선비의 청을 들어주었지요.

그날 밤, 선비가 잠을 자다가 숨이 막혀 깨 보니 구렁이한 마리가 선비의 몸을 칭칭 감으며 선비를 죽이겠다고 위협하는 게 아니겠어요? 그 구렁이는 바로 낮에 선비가 활로 쏘아 죽였던 구렁이의 아내였지요. 선비는 불쌍한 새끼 꿩을 살리기 위해선 어쩔 수 없었다며 살려 달라고 말했어요. 선비의 말에 아내 구렁이는 만일 오늘밤 중에 종소리가 울리면 살려 주겠다고 약속했어요. 하지만 깊은 산속 한밤중에 종을 칠 사람이 없다는 것을 깨달은 선비는 조용히 죽음을 기다렸어요. 그런데 그때 "댕~ 댕~" 종소리가 울렸어요. 아내 구렁이는 하는 수 없이 약속대로 선비를 살려 줄 수밖에 없었답니다. 한밤중에 울린 종소리를 이상하게 여긴 선비가 아침에 일어나 종이 있는 곳으로 가 보니 어제 살려 주었던 꿩이 죽어 있었어요. 꿩은 자기를 살려 준 선비의 은혜를 갚기 위해 목숨을 걸고 온몸으로 종소리를 울렸던 것이지요.

선비가 지나갔던 산은 원래 가을에 붉은 단풍이 아름다워 적악산이라고 불렸던 곳이에요. 하지만 이 전설로 인해 적악산은 한자 꿩 치(雉)를 써서 치악산으로 이름이 바뀌었다고 해요.

선비의 은혜를 갚은 꿩 이야기 〈치악산 전설〉은 강원도 원주에 위치한 치악산의 이름이 어떻게 유래되었는지 설명하고 있어요. 이처럼 지역이나 유적의 유래를 설명하는 이야기를 전설이라고 하지요. 많은 사람들이 〈치악산 전설〉 속 새를 우리에게 친근한 까치라고 오해하지만 치악산이라는 이름에서 알 수 있듯이 〈치악산 전설〉은 꿩과 관련한 이야기랍니다.

우리 주변에서는 〈치악산 전설〉과 같이 장소에 얽힌 여러 가지 전설을 종종 찾아볼 수 있어요. 서울의 왕십리라는 지역의 이름은 조선의 건국과 관련된 전설을 담고 있죠. 조선의 승려였던 무학대사는 태조 이성계의 명령에 따라 도읍지를 정하기 위해 여기저기 다니다 지금의 왕십리에 이르렀는데, 그때 밭에서 쟁기질을 하던 농부가 "10리만 더 가면

좋은 땅이 있는데 왜 여기에 자리를 잡으려고 하는가!" 하고 화를 냈다는 이야기에서 생긴 지명이 왕십리예요. 왕십리는 '10리를 가다'라는 뜻이지요. 실제로 지금의 왕십리에서 10리를 더 가면 조선을 개국한 태조 이성계의 궁궐이었던 광화문의 경복궁이 나온답니다.

또 산이나 들에서 가끔 만날 수 있는 아기장수 바위나 해안 지역의 망부석 같은 것들도 전설을 품고 있어요. 아기장수의 비범한 능력이 나라의 반란을 꾸미는 데 사용될까 두려워했던 사람들에게 죽음을 당한 아이의 억울한 이야기가 아기장수 바위 속에, 멀리 떠난 남편을 바다 너머로 하염없이 그리워하며 기다리다가 결국 돌이 되어 버린 아내의 이야기는 망부석 속에 담겨 있지요. 모두 구체적인 장소와 얽힌 이야기를 하고 있어요. 아기장수와 망부석이 된 아내처럼 비범한 능력을 지닌 전설의 주인공은 대개 더 거대한 세상의 힘에 부딪혀 비극적인 결말을 맺곤 해요.

반면 어떤 특정한 지역에서 전해 내려오는 전설과 달리 특정한 민족에게서 전해져 내려오는 이야기인 신화는 보통 세상이 탄생하거나 어떤 나라가 건설되는 것으로 이야기가 마무리되곤 해요. 세상과 나라를 만드는 신화의 주인공은 평범한 일반 사람과는 다른 어떤 신비로운 능력을 지니고 있지요. 이런 신화는 옛날 사람들에게 신성한 이야기로 받아들여져서 함께 모여 사는 사람들의 질서를 바로잡는 지금의 법과 같은 역할을 하기도 했어요.

이처럼 신화와 전설은 모두 아주 오래전의 이야기를 전하고 있기 때문에 사람들이 종종 같은 옛날이야기라고 오해하곤 하지만, 각자의 특성을 지닌 서로 다른 종류의 이야기랍니다.

사람들은 왜 신화를 만들었을까?

지구의 역사는 어림잡아 46억 년 정도라고 해요. 이 긴 시간 속에서 인류라고 불리는 존재가 지구에 나타난 것은 약 700만 년 전이에요. 우리는 이들을 실제로는 만날 수 없고 남겨진 화석으로만 확인할 수 있기 때문에 화석인류라고 불러요. 사헬란트로푸스 차덴시스라고 불리던 인류는 지금까지 발견된 가장 오래된 화석인류이지요. 그 이후 주변 환경에 적응하지 못한 여러 인류는 지구에서 사라졌어요. 현재까지 과학이 밝혀낸 바에 따르면 우리가 속해 있는 지금의 인류인 호모 사피엔스는 지구에 나타난 26번째 인류예요. 사헬란트로푸스 차덴시스부터 오늘날의 호모 사피엔스까지 인류는 무려 700만여 년이라는 긴 세월을 지구에서 살아온 거예요.

이 긴 세월 동안 인류는 어떤 일을 겪었을까요? 아마도 우리가 상상조차 할 수 없는 아주 많은 일들이 있었을 거예요. 사나운 맹수들과 싸우거나 냉난방기 없이 혹독한 추위와 더위를 견디고 먹을 것을 찾기 위해 온 세상을 떠돌아다니기도 했겠지요.

인류가 사나운 맹수들의 위협에서 벗어난 건 아주 최근의 일이에요. 우리나라의 경우 조선 시대에도 호환(虎患)이라고 해서 호랑이에게 죽임을 당하는 일이 허다했어요. 기술이 오늘날만큼 발달하지 않았던 과거에는 맹수뿐만 아니라 자연이 일으키는 재해에도 속수무책이었지요. 지금과 같이 튼튼한 안전 대피 시설을 지을 수 있는 방법을 몰랐던 인류는 대홍수가 일어나고 산사태, 폭설, 태풍과 같은 자연 재해에 전전긍긍하며 무사하기만을 빌었을 거예요.

인류는 약 700만 년의 시간 속에서 대부분 약자의 위치에 있었어요. 최고 포식자가 되어 지구를 지배하게 된 것은 아주 최근의 일이에요. 오랜 세월 동안 약자의 위치에 있었던 인류는 주변을 살피며 어떻게 살아남아야 하는지, 어떻

게 먹을 것을 마련해야 하는지 늘 고민해야 했겠죠? 인류를 존속하기 위해 호랑이를 만났을 때 잡아먹히지 않으려면 어떻게 해야 하는지, 어떤 열매가 독이 없는지 등 개인이나 집단이 알아낸 지식을 후세에 전달해야 했을 거예요.

지금이야 필요한 지식은 학교에서 교과서로 배우거나 인터넷에 검색을 해 배우면 되지만, 먼 옛날에는 책조차 구하기 어려웠지요. 그럼 우리 조상들은 어떤 방법으로 이야기를 전달할 수 있었을까요? 이때 조상들이 직접 경험하며 알게 된 지식을 전달하는 수단으로 삼은 것이 바로 이야기의 형태를 띤 신화였지요. 이야기는 발 없는 말이 천 리를 간다는 속담처럼 전달력이 강한 것이 특징이에요. 이야기의 강한 전달력 덕분에 조상들은 후손들에게 지식과 지혜를 전달하는 데 신화를 아주 효과적인 수단으로 활용할 수 있었답니다.

유럽 중세 시대의 화가들은 신화를 소재로 해서 조각 작품을 만들거나 그림을 그렸어요. 물론 지금도 신화는 그림의 소재로 많이 활용되고 있지요. 화가들은 왜 신화 이야기를 그림으로 그렸을까요?

유럽의 중세 시대 화가들이 집중적으로 신화를 소재로 그림을 그렸던 때는 문예 부흥이라고 부르는 르네상스(Renaissance) 시대예요. 르네상스는 프랑스어 '다시(Re)'와 '태어나다(Naissance)'를 합친 말로 재생 또는 부활이라는 의미를 지니고 있지요. 르네상스는 흔히 14~16세기 사이에 이탈리아를 비롯한 유럽에서 등장한 문화 활동을 가리키는데요, 이 시기에 고대의 학문과 예술을 재생하고 부활시킨 문화적인 활동이라는 뜻이에요.

그렇다면 무엇을 재생하고 부활시켰을까요? 그것은 한마디로 '인간적인 것'이에요. 인간적인 것을 다시 살려낸 것이 바로 르네상스이지요. 르네상스 이전 유럽 세계를 지배했던 건 사람이 아닌 신이었어요. 그때까지 인류는 인간이 아닌 신을 삶의 기준으로 두고 생활했어요. 그들에게는 신이 지배하는 지구가 우주의 중심이었고, 따라서 태양도 지구를 중심으로 돈다는 천동설을 믿었어요. 그러다가 이탈리아를 중심으로 한 유럽 국가들이 무역을 통해 많은 부를 축적하게 되고, 세상 곳곳을 다니기 시작해 더 넓은 세상을

경험하게 되면서 사람들은 인간 스스로에 대한 자신감이 생기기 시작했어요. 이를 통해 조금씩 신에게 의지하는 삶에서 사람을 중심으로 하는 삶으로 삶의 양식이 바뀌게 되었지요.

이 과정에서 가장 큰 역할은 한 것은 과학이에요. 갈릴레오 갈릴레이라는 유명한 과학자가 태양이 지구를 중심으로 도는 게 아니라 지구가 태양을 중심으로 돌고 있다는 지동설을 주장을 했다가 재판을 받은 유명한 사건이 있어요. 세상과 다른 목소리를 낸 갈릴레이는 위기에 처해 결국 자신의 뜻을 굽히고 목숨을 구했지만 지구가 태양 주위를 돌고 있다는 사실은 절대 변하지 않지요.

이처럼 과학자들이 신을 중심으로 한 세계에서 인간을 중심으로 하는 세계를 위해 애쓰고 있을 때 화가들도 이 물결에 동참했어요. 화가들은 종교의 신 대신 그리스 신화에 나오는 신들을 소재로 삼아 그림을 그리기 시작했어요.

그리스 신화에 등장하는 신들은 종교의 신들과 조금 달라요. 절대적인 복종을 원하는 종교의 신과 달리 그리스 신화에 등장하는 신들은 외적인 모습뿐만 아니라 내면까지 매우 인간적인 모습을 하고 있거든요. 심지어 인간들처럼 범죄를 저지르기도 하고, 질투심이나 분노에 사로잡히기도 했어요. 르네상스 시대의 화가들은 바로 이런 인간적인 면모를 지닌 신들의 이야기를 화폭에 담기 시작했어요. 르네상스 시기의 그림 가운데 유독 신화를 소재로 한 그림이 많아진 이유도 이 때문이랍니다. 그리스 신화 이야기 속의 신들은 특히 인간적인 면이 풍부했기에 르네상스 시기 화가들의 눈길을 끌었어요. 인간처럼 사랑하고 싸우기도 하는 그리스 신화의 신들이 인간과 다른 점을 굳이 꼽자면 죽지 않는다는 것뿐이었지요.

또한 신화의 이야기는 인간의 호기심을 다루고 있기 때문에 화가들의 상상력을 크게 자극시킬 수 있었어요. 여기에 여신과 같은 중세에 다룰 수 없었던 소재를 활용할 수 있게 되었다는 점도 신화의 내용을 그림으로 그리게 된 이유 가운데 하나예요. 화가들은 이처럼 신화 속에 그려진 인간적인 신들의 모습을 그림 속에 담으며 신 중심의 세상에서 인간 중심의 세상으로 변화시키기 위한 물결에 동참했답니다.

2장
신들이 전하는
삶의 지혜는 무엇일까?

대홍수 사건은 왜 신화가 되었을까?

신화는 강한 전달력을 가지고 조상들이 후손들에게 지식과 지혜를 전달하는 수단이었어요. 앞에서 그리스 신화의 미다스 왕 이야기를 함께 살펴봤지요? 과한 욕심을 부려 손에 닿는 것을 황금으로 만들었던 미다스는 먹음직스러운 음식까지 모두 황금으로 변하게 만들어 굶어 죽을 뻔했어요. 미다스 왕의 이야기를 통해 큰 욕심은 화를 불러일으킨다는 교훈을 얻을 수 있었어요. 욕심을 부리면 벌을받는다는 것을 깨달은 옛날 사람들은 잘못을 반복하지 않기 위해 미다스 왕 이야기와 같은 신화를 만들었지요. 미다스 왕 신화처럼 다른 신화 속에도 우리가 여전히 배우고 느낄 수 있는 삶의 지혜들이 담겨 있답니다. 대홍수 신화를통해 조상들이 후손들에게 또 어떤 지혜를 전달했는지 한번 들여다볼까요?

대홍수 신화는 전 세계에 없는 곳이 거의 없을 정도로 널리 전해지는 이야기예요. 그중 가장 유명한 건 『성경』에 나오는 노아의 방주* 이야기지요. 이외에도 전 세계 곳곳에 대홍수 신화가 있고, 우리나라에도 대홍수 이야기가 전해지고 있답니다. 대홍수 신화가 세계 곳곳에서 전해지고 있는 건 대홍수가 한 지역에서만 일어난 특정한 사건이 아니라 전 세계에서 동시에 일어났던 충격적인 사건이기 때문이에요.

> ★ **노아의 방주** 노아가 하나님의 계시로 네모진 모양의 배를 만들고, 가족과 짐승을 태워 대홍수를 피할 수 있었다는 『성경』 속 이야기.

대홍수는 지금으로부터 만 년 전쯤 지구의 오랜 빙하기가 끝나고 대륙을 덮고 있던 엄청난 양의 얼음이 녹기 시작하면서 발생했어요. 대홍수는 하늘에서 많은 비가 쏟아져 발생하는 것이 아니라 어마어마한 양의 얼음이 녹아 수면이 빠른 속도로 상승해 낮은 지역부터 물에 잠기는 무서운 재난이었지요. 비가 아무리 세차게 내린다고 해도 우산을 쓰거나 건물 안으로 들어가면 비를 피할 수 있어요. 하지만 물이 발밑에서 빠르게 차오르기 시작한다면 높은 곳으로 피하는 것 외에는 다른 방법이 없어요. 오늘날 여름철에도 비가 많이 내리고 강둑이 무너지면 주변이 물에 잠겨 큰 피해가 발생하잖아요. 짧은 기간의 폭우에도 큰 피해가 발생

하는데 대홍수는 아주 오랜 시간 동안 물난리가 계속되는 무섭고 끔찍한 사건이었을 거예요.

높은 곳으로 올라가는 방법 외에 공포의 대홍수를 피할 수 있는 방법은 과연 무엇일까요? 그건 바로 배를 만드는 것이겠죠! 대홍수 신화에서 살아남은 사람들은 모두 배를 만들어 물난리 속에서 목숨을 구할 수 있었답니다. 『성경』 속 노아뿐만 아니라 다른 대홍수 신화에 나오는 주인공들도 모두 배를 만들어 살아남았지요.

대홍수는 인류에게 엄청난 충격을 준 사건이에요. 대홍수를 겪은 조상들은 끔찍한 악몽 같은 경험을 후손들에게 경고할 필요가 있었어요.

만약 훗날 대홍수가 또다시 일어났을 때 후손들도 자신들처럼 배를 만들어 살아남을 수 있게 하기 위해선 어떻게 해야 할까요? "앞으로 물이 차오르기 시작하면 배를 만들어라!"라는 짧은 한마디만 남긴다면 후손들은 쉽게 잊어버리고 말 거예요. 우리도 당연한 이야기는 자주 깜빡할 때가 있잖아요? 그래서 오래오래 기억될 수 있는 이야기로 후손들에게 전달하기 위해 대홍수가 빚어내는 끔찍한 세상에 대한 신화를 만들었던 거예요. 대홍수 신화는 사람들의 입에서 입을 통해 계속 전해져 오늘날까지 우리 주변에 남아 있지요. 신화는 이처럼 쉽게 잊히지 않는 흥미로운 이야기로 만들어져 오랜 세월 사람들의 입에 오르내리며 옛 조상들의 지혜를 후손들에게 전하고 있답니다.

신화라는 양분을 먹고 자란 이야기

신화에 씌워진 오해 가운데 하나는 신화가 오늘날 아무런 역할을 할 수 없는 단순한 옛날이야기에 불과하다는 것이에요. 신화는 까마득한 오랜 옛 시대의 모습을 비추고 있기 때문에 겉으로만 보면 단지 옛날이야기에 불과하다고 오해할 수도 있어요. 그런데 만약 신화가 단순히 옛날이야기에 불과하다면 오늘날 우리가 왜 군이 신화를 꼭 읽어야 할까 하는 생각이 들죠? 옛날 사람들이 어떻게 살았고, 어떤 생각을 했는지 알아보는 것도 재미있겠지만 이와 같은 이유라면 군이 신화를 꼭 읽어야 할 필요는 없을지도 몰라요. 오늘날에도 재미있는 이야기가 담긴 책이나 드라마, 영화는 너무나 많잖아요?

신화가 단순히 옛날이야기라는 오해는 신화의 겉모습만 보고 내린 판단 때문이에요. 사람도 겉모습만 보고는 그 사람의 속내를 모두 알 수 없듯이 신화도 마찬가지예요. 먼 옛날에 만들어졌다고 해서 단순한 옛날이야기로 치부하는 것은 신화의 겉모습만 보고 잘못 판단하는 거지요.

신화는 인류가 만들어 낸 가장 오래된 정신적인 생산물이에요. 나무에 비유하면 뿌리와 같아요. 나무의 뿌리는 땅속에 묻혀 있기 때문에 겉으로는 보이지 않지만, 우리는 분명 그 속에 뿌리가 자리하고 있다는 것을 알고 있지요. 신화도 마치 나무의 뿌리처럼 오랜 세월 동안 르네상스 시대 속 그림의 모습으로, 오늘날 소설이나 시나리오 속 이야기의 모습으로 또는 게임 속 캐릭터의 모습으로 많은 가지를 치며 여전히 우리 곁에서 살아 숨 쉬고 있답니다.

먼 옛날부터 오늘날까지 전해져 내려오고 있는 신화 속 이야기는 다양한 형태로 재구성되어 영화나 소설의 중요한 소재가 되고 있는데요, 게임 속에서도 신화의 모습을 찾아볼 수 있지요. 오늘날에도 아주 오래전에 만들어진 신화의 모습을 찾아볼 수 있는 건, 신화는 바로 오늘날 존재하는 수많은 이야기들의 뿌리이기 때문이에요. 신화는 오랜 세월이 흘렀음에도 불구하고 오늘날에도 여전히 변하지 않는 정신적 가치를 지니고 우리 곁에서 살아 숨 쉬고 있지요. 뿌리가 죽은 나무는 더 이상 살 수 없듯이, 만약 신화가 없

었더라면 오늘날 우리가 소비하고 있는 재미있는 이야기가 담긴 여러 가지 예술 작품도 탄생할 수 없었을 거예요.

괴물들이 주는 교훈도 있다고?

신화에는 다양한 괴물들이 등장해요. 괴물과 멋지게 싸우는 영웅들의 이야기는 매우 흥미롭지요. 실제로 괴물과 영웅의 결투는 사람들이 가장 좋아하는 이야기이기도 해요. 그런데 도대체 괴물의 정체는 무엇이고, 왜 세상에 괴물이 나타난 걸까요? 먼저 북유럽 신화에 등장하는 괴물 삼남매를 만나 볼까요?

북유럽 신화 속 최고의 괴물은 장난꾸러기 신 로키의 세 아이들이에요. 손발이 꽁꽁 어는 추운 지역에 사는 서리 거인*인 앙그라보다와 로키 사이에서 태어난 삼남매이지요. 첫째 아이는 거대한 늑대인 아들 펜리르였

> ＊ **서리 거인** 공기 중의 수증기가 어떤 물체의 표면에 얼어붙은 서리처럼 차가운 몸을 가진 북유럽 신화의 거인족.

어요. 둘째 아들은 아주 큰 뱀인 요르뭉간드, 셋째는 무시무시한 겉모습을 가지고 있는 막내딸 헬이었지요.

로키의 자식들 가운데 가장 독특한 생김새를 가진 건 셋

째 딸 헬이에요. 헬은 몸의 절반은 여느 사람들처럼 멀쩡했지만 나머지 절반은 왠지 모르게 불길한 기운이 느껴지는 검은빛을 띠고 있었지요. 그래서 헬의 피부 절반은 마치 썩은 것처럼 보였어요.

로키와 서리 거인의 무시무시한 세 아이들에게 위협을 느낀 북유럽 신들은 둘째 요르뭉간드를 바다에 던지고, 셋째 헬은 지하세계로 보내 버렸어요. 그리고 가장 힘이 세고 위협적인 첫째 펜리르를 고양이가 움직일 때 내는 소리와 여자의 수염, 산의 뿌리, 물고기의 숨, 새의 침, 곰의 힘줄과 같은 것들로 만든 튼튼한 밧줄을 이용해 신들이 사는 아스가르드에 묶어 두고 감시했어요. 무서운 존재는 눈에 보이지 않을 때 더 큰 두려움을 일으키곤 하거든요.

북유럽 신들이 철두철미하게 괴물 삼남매를 감시했지만, 로키의 세 아이들은 세상 밖으로 나왔어요. 로키의 첫째 아들이자 거대한 늑대인 펜리르는 꽁꽁 묶인 밧줄을 엄청난 힘으로 풀어 세상 밖으로 뛰쳐나왔어요. 바다 깊숙한 곳에 살며 지나가는 배를 침몰시키고 사람을 잡아먹던 둘째 아들 요르뭉간드도 땅 위로 슬금슬금 기어올라 왔지요. 죽은 자의 세계를 지배하던 지하세계의 막내딸 헬도 두 오빠와 함께 신들을 죽음으로 끌어들이기 시작했어요.

우리집 아이들 입니다!

← 로키

북유럽 신화 괴물 삼남매?

둘째 요르문간드

셋째 헬

첫째 펜리르 →

저랑 한강으로 산책 가실래요?

화 문다?

근데 저를 묶으시려면 좀 특수한 밧줄이 필요합니다만…

저는 물에 강한데 바다에 던지셨으니…

이런… 절레 절레

거친 바다는 오히려 저를 강하게 만들어 주었죠!

하데스는 저의 베프입니다!

그동안 너무 지하에만 있어서 일광욕하러 나온 것 뿐인데…

세상 밖으로 나온 펜리르와 요르뭉간드, 헬은 자신을 가둔 신들과 전쟁을 벌이기 시작했어요. 북유럽 신화의 최고 신 오딘이 삼남매 중에서도 가장 센 펜리르를 물리치기 위해 나섰어요. 하지만 펜리르가 오딘을 한입에 삼켜 버리고 말았죠. 오딘을 삼킨 펜리르는 오딘의 아들 비다르에게 턱을 공격당해 죽었어요. 아무리 힘이 센 펜리르도 아버지를 잃고 복수를 위해 단련한 아들 비다르를 막을 순 없었죠. 전쟁의 신 토르는 둘째 요르뭉간드를 물리치기 위해 마법의 망치 묠니르를 휘둘렀어요. 공격당한 요르뭉간드는 토르를 향해 치명적인 독을 내뿜었죠. 토르는 묠니르로 요르뭉간드를 쓰러뜨렸지만 결국 독에 중독되어 죽어 버리고 말았어요. 이렇게 북유럽의 최고신 오딘과 전쟁의 신 토르를 비롯해 수많은 신들이 괴물 삼남매와 싸우다 세상을 떠났어요. 세상을 다스릴 신이 사라지자 세상에는 종말이 찾아왔죠.

세상을 무너뜨리는 존재라니, 참으로 끔찍한 괴물들이지요?

그리스 신화에도 로키의 세 아이들처럼 아주 무서운 괴물이 등장한답니다. 눈이 마주치면 돌로 변하게 하는 뱀의 머리카락을 가진 메두사도 있고, 미궁에 갇혀 매년 제물로 바쳐지는 열네 명의 아이들을 잡아먹으며 사는 크레타 섬의 황소 머리 괴물 미노타우로스도 있지요. 신들조차 무서워 도망쳐야 했던 티폰이라는 괴물도 있어요. 여러분이 생각하는 가장 무서운 괴물은 누구인가요?

티폰은 신들의 왕 제우스의 힘줄을 빼내어 동굴에 가둘 정도로 엄청난 힘을 지닌 괴물이었죠. 제우스는 힘을 되찾았지만 어마어마한 힘을 가진 티폰을 단번에 죽이지는 못하고 결국 큰 산을 티폰의 머리 위로 던져 산속에 묻어야 했어요.

그리스 신화에는 길을 가는 나그네를 강제로 끌고 가서 침대에 눕히고 침대보다 키가 크면 큰 만큼 잘라 내고, 침대보다 키가 작으면 침대 길이만큼 몸을 늘려서 죽이는 프로크루스테스라는 악당도 있는데요, 이 신화 때문에 '프로크루스테스의 침대'라는 말이 생겼어요. 자기의 생각에 맞추어 남을 바꾸려 강요하는 사람이나 일을 가리키는 말로 자주 쓰이지요.

그런데 이런 무시무시한 괴물들과 악당들이 왜 신화 속에 등장하는 걸까요? 괴물들은 도대체 어디에 숨어 있다가 나타나는 걸까요?

사실 괴물이나 악당은 새로운 존재가 아니에요. 예부터

지금까지 늘 우리 주변에 맴돌며 다양한 방식으로 우리를 괴롭혀 왔어요. 함께 사는 사회의 질서를 해치거나 자기 힘만 믿고 제멋대로 행동하는 존재, 나쁜 마음으로 주변 사람들을 괴롭히는 존재, 이유 없이 사람을 죽이거나 고통을 주는 존재 모두가 괴물이고 악당이지요.

그렇다면 우리 사회를 어지럽히는 괴물을 몰아내기 위해서는 어떻게 해야 할까요? 괴물을 멋지게 물리칠 영웅이 필요할 거예요. 진정한 영웅은 사회를 지키기 위해 정의로운 모습으로 괴물과 악당을 물리쳐요. 함께 사는 사회를 아름답고 평화롭게 만드는 일을 하는 아주 멋진 존재이지요. 신화 속 영웅들은 과연 어떤 모습으로 무시무시한 괴물들을 물리쳤을까요?

진정한 영웅은 어떤 모습을 하고 있을까?

신화의 영웅들은 사람들을 괴롭히는 무시무시한 괴물과 악당들을 강한 힘 또는 뛰어난 재치를 이용해 멋지게 물리치곤 하는데요. 먼저 그리스 신화 속 멋진 영웅 테세우스의 이야기를 함께 만나러 가 볼까요?

테세우스는 길을 가는 나그네를 잡아 침대에 눕히고는 침대 크기에 맞추어 잘라 내거나, 늘려서 죽였던 괴물 프로크루스테스를 물리친 영웅이랍니다. 미궁에 갇혀 제물로 바쳐지는 어린아이들을 잡아먹고 살던 미노타우로스도 멋지게 물리쳤지요. 지나가는 나그네를 불러 휘어진 나뭇가지에 묶고는 나뭇가지를 활짝 펴 잔인하게 사람들을 죽였던 시니스라는 악당을 물리친 영웅도 바로 테세우스예요. 테세우스는 사람들을 무시무시한 괴물의 위협으로부터 구해 주었지요.

그런데 그리스 신화의 최고 영웅은 테세우스가 아니에요. 과연 누구일까요? 바로 헤라클레스예요. 헤라클레스는 열두 가지 과업이라 불리는 골치 아픈 문제들을 단번에 처리하고 그리스 신화의 최고 영웅이 되었어요.

열두 가지 과업 가운데에는 무시무시한 괴물을 물리치는 일은 물론, 무려 30년 동안 한 번도 청소를 하지 않아 어디서부터 손을 대야 할지 모를 정도로 지저분한 마구간을 하루 만에 청소하는 일도 있었어요. 헤라클레스는 강물의 흐름을 이용해 단번에 마구간을 깨끗하게 청소했답니다. 이처럼 헤라클레스는 센 힘과 지혜를 발휘해 보통 사람들이 해내기 어려운 일들을 척척 해냈지요. 열두 가지 과업을 모두 성공적으로 끝낸 헤라클레스는 훗날 그 공을 인정받아 죽은 뒤 신이 되었답니다.

우리가 살아가는 현대에도 무시무시한 괴물이나 악당이 있고, 보통 사람들이 해내기 힘든 일도 있어요. 그런데 신화 속 괴물의 모습과 오늘날 우리를 괴롭히는 괴물의 모습은 조금 달라요. 오랜 세월이 흘러 과거에 사람들을 고통스럽게 하던 괴물과 오늘날 사람들을 괴롭히는 괴물의 모습이 바뀌었기 때문이에요. 아주 오랜 옛날엔 평소에는 온화하다가 갑자기 무서운 얼굴로 돌변하는 자연이 괴물처럼 보였을 거예요. 태풍이나 홍수, 지진 같은 자연 재해 말이지요. 실제로 태풍을 의미하는 말인 타이푼(Typhoon)은 제우스를 동굴에 가두었던 무시무시한 괴물의 이름 티폰(Typhon)에서 유래했어요. 자연 재해뿐만 아니라 호랑이나 사자와 같은 산속의 맹수도 공포의 대상이었죠. 그래서 서양 신화 속 괴물의 모습은 사자나 용과 같은 무서운 맹수의 형상으로 표현되기도 했어요.

그러나 오늘날 태풍이나 홍수는 나쁜 의도를 가지고 우리를 괴롭히는 괴물이 아님이 과학적으로 밝혀졌고, 맹수는 먼 산이나 아프리카 국립공원과 같은 자연으로 인간과 주거지가 분리되어 도심 속 사람들과는 쉽게 마주칠 수 없

는 존재가 되었지요. 자연재해나 무시무시한 맹수는 더 이상 우리에게 괴물이 아니에요. 과거의 괴물은 바이러스나 질병, 사회를 어지럽히는 수많은 범죄자 등과 같은 것들로 대체되었지요. 그리고 우리는 여전히 이들을 물리칠 수 있는 영웅이 필요해요.

오늘날 우리에게는 어떤 영웅이 필요할까요? 사람들을 괴롭히고 죽이는 바이러스와 같은 악독한 질병을 물리치는 약을 개발하거나 치료하는 사람, 모든 것을 태워 버리는 산불을 끄는 사람, 두려움과 공포에 질린 사람들의 마음을 평온하게 치유해 주는 사람 등 타인을 위해 자기를 희생하는 많은 사람들의 모습이 머릿속에 떠오르지 않나요? 지금 우리가 생각한 사람들 외에도 많은 영웅들이 우리 주변에 있어요. 무시무시한 괴물을 물리쳤던 신화 속의 영웅과는 조금 다른 모습이죠? 세상이 변하면서 과거에 사람들을 괴롭혔던 괴물과 오늘날의 괴물의 모습이 서로 달랐던 것과 마찬가지로 영웅의 모습도 요즘 시대에 어울리는 얼굴로 변했답니다.

다만 진짜 영웅이 누구인지를 정확하게 가려낼 수 있는 눈이 필요해요. 만일 정말 가짜 영웅에게 속아 넘어가기라도 한다면 많은 재산과 시간을 잃게 되지요. 그런 사람이나 단체를 사이비라고 불러요. 사이비는 겉으로는 다른 사람들과 비슷해 보이지만, 속은 완전히 다른 것을 가리키는 말이에요. 우리 주변에는 겉으로만 영웅인 척하며 속으로는 나쁜 마음을 품고 사람들을 이용하려 하는 사이비 영웅들이 곳곳에 숨어 있답니다.

신화는 괴물과 영웅의 여러 가지 모습을 보여 주고 있어요. 그 모습은 변했지만 우리는 여전히 다양한 얼굴의 괴물들에 맞서고 있고, 괴물을 물리칠 영웅이 필요해요. 세계의 여러 신화 이야기를 읽다 보면 어떤 영웅이 사이비가 아닌 진짜 영웅인지 구별할 줄 아는 지혜로운 눈이 자연스럽게 생길 거예요. 뿐만 아니라 신화는 침대 괴물 프로크루스테스를 물리친 테세우스와 보통 사람이 해내기 힘든 과업들을 척척 해낸 헤라클레스와 같은 영웅들의 여러 가지 모습을 보여 주며 오늘날 우리에게 어떤 모습의 영웅이 필요할지 고민하게 하는 힘도 지니고 있답니다.

태양계
행성이 된 신

태양계에는 여러 행성들이 있어요. 태양부터 가까운 순서대로 하면 수성, 금성, 지구, 화성, 목성, 토성, 천왕성, 해왕성이 있지요. 이들 행성의 이름은 동양에서는 전통적인 동양사상인 오행이라 불리는 목, 화, 토, 금, 수에 하늘(天)과 바다(海)를 더한 것이지요. 2006년 이전에는 해왕성 다음에 명왕성도 있었지만 망원경이 발달하면서 명왕성과 비슷한 천체가 여럿 발견되어 명왕성의 행성으로서 자격에 대한 의문이 생겨 결국 태양계의 아홉 번째 행성에서 제외되었지요.

그래서 현재 태양계의 행성은 모두 8개예요. 태양은 스스로 빛을 내기 때문에 항성이라고 불리지요. 현재 목, 화, 토, 금, 수는 우리가 매일 사용하는 요일에도 붙어 있어서 친숙하지요?

서양에서는 몇몇 그리스 신화의 신들이 태양계의 행성을 상징해요. 태양계에 그리스 신화 신들의 집이 있는 거지요. 간단히 하나씩 살펴볼까요?

● **수성**

수성을 맡은 신은 헤르메스예요. 머리 회전도 빠르고 몸도 빨라서 제우스의 말을 다른 신이나 인간에게 전하는 전령의 역할을 맡았지요. 실제로 수성은 태양계에서 가장 빨리 도는 행성이랍니다. 지구는 태양을 한 바퀴 도는데 365일이 걸리지만, 수성은 불과 88일밖에 걸리지 않아요.

● **금성**

금성의 신은 아름다움의 여신 아프로디테랍니다. 아프로디테는 거품에서 태어났다는 의미를 지녔어요. 르네상스 시대의 이탈리아 화가 보티첼리가 그린 〈비너스의 탄생〉이라는 유명한 그림에 아프로디테의 탄생 장면이 묘사되어 있지요. 미의 여신 아프로디테를 상징하는 별답게 금성은 초저녁에 가장 먼저 떠올라 새벽의 마지막까지 빛나는 아주 아름다운 별이랍니다.

● 지구

지구를 집으로 삼은 것은 대지의 여신 가이아예요. 가이아는 모든 신의 어머니예요. 가이아는 하늘의 신 우라노스를 낳았어요. 가이아와 우라노스 사이에선 거인인 티탄족이 태어났지요. 티탄족의 막내인 크로노스가 어머니와 붙어 있던 하늘의 신 아버지를 밀어내어 지금처럼 하늘과 땅이 분리되었고, 그 사이에 사람들이 살아가는 공간이 생겼다고 해요.

● 화성

화성의 신은 전쟁의 신인 아레스예요. 아레스는 싸움을 좋아한 탓에 성격이 난폭해서 신이나 인간 사이에서 인기가 별로 없었어요. 화성은 겉으로 보면 피를 연상시키는 붉은빛을 띠는 행성이지요. 그래서 예부터 화성은 전쟁이나 혼란, 불행, 재난 등 부정적인 것들과 관련된 별이었어요.

● 목성

목성의 주인은 바로 신들의 왕 제우스예요. 제우스가 왜 목성을 차지했는지 궁금하지 않나요? 그건 태양계의 행성 가운데 가장 큰 별이 바로 목성이기 때문이에요. 왕이 가장 널찍한 집을 차지하는 거죠. 목성은 주위를 도는 위성도 아주 많답니다. 달은 지구를 도는 위성이지요. 목성의 위성에는 이오, 에우로페, 헤라, 칼리스토 등 제우스가 사랑했던 여신이나 여성의 이름이 붙여져 있어요.

● 토성

토성의 신은 제우스의 아버지인 크로노스예요. 크로노스는 앞서 보았듯이 지구의 여신 가이아와 하늘의 신 우라노스 사이에서 태어난 거인 티탄족으로 아버지를 하늘로 쫓아낸 장본인이었어요. 크로노스는 자기가 아버지

우라노스를 쫓아냈던 것처럼 아들 제우스에 의해 신들의 세계에서 쫓겨나고 말았답니다.

● **천왕성**

천왕성의 신은 크로노스의 아버지인 하늘의 신 우라노스예요. 천왕성이 발견된 것은 1781년인데요, 태양계에서 세 번째로 반지름이 커서 맨눈으로도 관측할 수 있지만 움직임이 느리고, 너무 어두워서 다른 행성들보다 비교적 늦게 발견되었어요. 천왕성은 무려 지구의 네 배 정도의 크기를 자랑한답니다.

● 해왕성

해왕성의 주인은 바다의 신 포세이돈이에요. 해왕성은 1846년에 발견되었어요. 포세이돈은 제우스의 형제로 제우스와 함께 힘을 합쳐 아버지인 크로노스를 몰아내고 바다의 신이 되었죠. 2006년 명왕성이 행성에서 제외되면서 태양계에서 가장 멀리 떨어진 행성이 되었어요. 그래서 해왕성의 1년은 지구보다 164배나 길다고 해요.

● 명왕성

명왕성의 주인은 죽은 자의 나라를 다스리는 하데스예요. 하데스 또한 제우스의 형제로 제우스와 함께 아버지를 몰아내고 저승의 지배자가 되었어요. 2006년 크기가 작아 행성에서 제외되기 전까지 명왕성은 태양계에서 가장 멀리 있었던 행성으로 저승과 잘 어울리는 별이었지요.

명왕성
Pluto
하데스
저승의 신

야! 나 멀리 있다고 태양계에서 뺀 거야? 진짜 서운하다!

3장
신화가 담고 있는 우리 인생은 어떤 모습일까?

나를 비추는 신화라는 거울

신화란 과연 무엇일까요? 신화가 무엇인지 알아보는 것
은 눈에 보이지 않는 사랑이 무엇인지 또는 우정이 무엇인
지를 정확히 이해하는 것만큼 어려운 일이에요. 우리의 얼
굴이 각자 다르게 생긴 것처럼 신화도 다양한 얼굴을 갖고
있거든요. 그 수많은 얼굴을 하나하나 다 살펴볼 수는 없
는 노릇이죠. 하지만 신화를 읽고, 이야기에 어떤 것들이
담겨져 있는지 고민하는 과정에서 자연스럽게 신화에 대한
많은 것들을 알 수 있어요. 동시에 우리의 창의력과 상상력
도 쑥쑥 자란답니다.

그리스 신화 속에 등장하는 재미있는 이야기를 한 편 읽
으며 신화의 세계에 한 걸음 더 가까이 다가가 볼까요? 함
께 읽어 볼 신화는 나르키소스 신화예요. 나르키소스 이야
기는 우리말로 메아리를 의미하는 에코라는 이름을 지닌

소녀의 슬픈 이야기로 유명한 신화이기도 해요.

나르키소스의 신화는 에코가 말을 잃게 된 사연부터 시작합니다. 에코는 발랄하고 수다를 잘 떠는 사랑스러운 소녀였지요. 신들의 왕 제우스는 아내 몰래 다른 여자와 바람을 피우기 위해 수다를 잘 떠는 에코의 성격을 이용하기로 했어요. 아내인 헤라 몰래 다른 여자를 만날 때면 항상 에코를 데리고 갔지요. 그 이후 제우스가 다른 여자들을 만나는 곳에 헤라가 찾아가면 어김없이 에코가 나타나 헤라를 붙잡고 부산스럽게 수다를 떨었어요. 이런 일이 계속되자 헤라는 에코가 제우스의 파수꾼* 역할을 하고 있음을 알아차리고 분노해 에코가 말을 할 수 없게 만들어 버렸어요.

> ★ **파수꾼** 주변을 살피며 무언가를 지키는 일을 하는 사람.

에코가 할 수 있는 말이라고는 고작 상대방의 말 가운데 끝부분을 따라하는 것뿐이었지요. 우리가 산에 가서 "야호!" 하고 크게 소리치면 뒷부분만 메아리처럼 퍼져 나가죠? 그렇게 에코는 다른 사람이 하는 말의 끝부분만을 따라 할 뿐, 자기 말을 할 수 없게 되었어요. 발랄하게 다른 사람과 이야기하기를 좋아했던 에코는 절망했지요.

좌절과 상심에 빠져 있던 에코의 눈에 어느 날, 나르키소스라는 소년이 들어왔어요. 에코는 나르키소스에게 첫눈에 반했어요. 에코는 나르키소스를 바라보며 우울한 마음을 없애고 싶었어요. 그러나 헤라의 저주 때문에 말을 할 수 없게 된 에코는 아무리 애를 써도 나르키소스에게 말을 걸 수 없었죠. 나르키소스는 아무 말도 하지 않고 자기 주변을 계속 맴도는 에코가 마음에 들지 않았어요. 게다가 무슨 말을 건네기라도 하면 끝부분만 따라 하는 게 너무 싫었죠. 그래서 나르키소스는 에코를 매몰차게 밀어냈어요. 다시 절망에 사로잡혀 산속 동굴에서 지내던 에코는 결국 복수의 여신 네메시스를 찾아가 자신의 마음을 알아주지 않는 나르키소스에게 복수를 해 달라고 부탁했어요. 네메시스는 에코의 강렬한 복수심을 받아들였지요.

한편 나르키소스에게는 태어날 때 '자신을 모르면 오래 살 것이다'라는 예언이 있었어요. 오래 살고 싶다면 자신을 알아서는 안 되는 것이었지요. 나르키소스에게 에코의 복수를 대신하려던 복수의 여신 네메시스는 이 점을 이용했어요.

어느 날 나르키소스는 성스러운 산이라 불리는 헬리콘 산에 올라갔다가 그곳의 연못에 비친 자기의 모습을 보게 되었어요. 나르키소스는 연못에 비친 사람이 자기인 줄도 모르고 그만 사랑에 빠져 버렸어요. 음식도 먹지 않고 잠도 자지 않으며 연못 속 자기의 모습만 바라보았죠. 결국 나르키소스는 굶어 죽고 말았답니다. 네메시스의 저주가 성공한 거예요.

스스로에게 빠져 목숨을 잃은 나르키소스를 딱하게 여긴 신들은 나르키소스가 죽은 자리에 수선화를 피워 주었어요. 자아도취라는 수선화의 꽃말은 나르키소스 신화에서 유래되었지요. 자기를 지나치게 사랑하는 것을 가리키는 나르시시즘이라는 말도 나르키소스의 이름에서 유래되었답니다.

과연 나르키소스 신화는 어떤 메시지를 숨겨 두고 있을까요? 복수는 사람을 죽게 만드는 무서운 행위임을 알려 주는 경고일까요? 음, 그럴 듯해요. 제우스나 헤라와 같은 높은 신들에게는 화를 내선 안 된다고 말하려는 걸까요? 그럴 리는 없겠죠?

나르키소스의 신화를 이해하기 위해서는 '거울'이라는 도구를 잘 이해해야 해요. 거울은 사물의 겉모습을 비추어 주는 도구예요. 나르키소스 신화에서는 나르키소스의 얼굴을 비추는 연못에 채워진 물이 거울의 역할을 대신하고 있지요. 나르키소스는 연못을 통해 처음으로 자기의 모습을 비추어 보았어요. 우리도 매일 거울을 통해 얼굴을 비추어 보고 단장을 하지요.

그런데 거울은 이야기 속에서 사물을 비추는 것뿐만 아니라 마음을 비추는 물건으로 종종 사용되곤 해요. 거울을 이야기 속에서 상징으로 사용하게 되면 거울을 들여다보는 것이 자기의 마음을 헤아리는 일이 될 수 있어요. 나르키소스가 연못의 물에 비추어 본 것은 자기의 겉모습뿐만 아니라 내면의 모습이기도 했지요. 즉, 진정한 자기 자신이 누구인지 살펴본 거예요. 수많은 사람들과 자연이 어우러진 이 지구에서 나의 존재를 인식하는 건 매우 중요한 일이에요. 내가 누구이며, 어떤 사람인지 알아야 앞으로 어떻게 살아가야 할지 잘 알 수 있을 테니까요.

인간은 기계처럼 다른 사람들과 똑같은 삶을 살아가지 않아요. 모두의 얼굴이 각각 다른 것처럼 제 나름대로 고유한 인생을 살아가는 것이 우리 인간이지요. 이건 과거나 지금이나 변함없는 인생의 진리라고 할 수 있어요. 자기를 아는 것이 얼마나 중요한지 알려 주는 나르키소스의 신화는 이처럼 변함없는 가치를 지니고 있기에 오랜 세월이 지난 오늘날에도 우리에게 전해지고 있지요.

나르키소스가 죽어서 수선화가 되었다고 했지요? 수선화는 우리가 살고 있는 동북아시아와 지중해 지역에서 피는 꽃인데요, 그리스 사람들이 가장 좋아했던 꽃들 중 하나랍니다. 나르키소스가 죽은 자리에 신들이 피워 낸 수선화는 나르키소스 신화에 담긴 진정한 자신의 모습을 아는 것은 매우 중요하다는 메시지의 증거라고 할 수도 있겠네요. 그리스의 유명한 철학자 소크라테스는 "너 자신을 알라"라고 말하며 자신이 어떤 사람인지 아는 것이 중요함을 강조하기도 했지요.

신화 말고 거울이 등장하는 이야기 하면 가장 먼저 떠오르는 이야기가 있지요? 바로 백설공주 이야기예요. 백설공주 속 거울은 조금 이상한 것 같아요. 거울 앞에 서서 "세상에서 가장 예쁜 사람은 누구니?" 하고 물어보면 물음을 던지는 그 사람의 모습을 비추어야 하는데, 계모의 이 물음에 백설공주를 보여 줬잖아요. 그건 바로 계모의 거울이 인간의 겉모습뿐만 아니라 보이지 않는 마음속까지 비추는 거울이기 때문이에요. 백설공주도 나르키소스 신화와 같이 마음을 비추어 자기가 어떤 사람인지 알아야 한다는 이야기를 전하고 있어요. 아름다운 내면을 가진 백설공주는 사랑하는 왕자를 만나 행복하게 살 수 있었지요.

겉모습은 화려했지만 내면은 온갖 욕망으로 가득 차 있었던 계모의 마음이 겉으로 드러나기도 했는데요, 과연 어떤

신화와 동화로 알게 된 거울 사용의 잘못된 경우

나르키소스

어쩜그래~

에코

너무 사랑스러워서 눈을 뗄 수가 없군.

와~심각한데? 저 정도면 내가 차여도 인정이다!

백설공주의 계모

와장창

거짓말! 내가 이렇게 늙고 추할 리가 없어!

부들부들

아니… 아름다운 건 백설공주인데 왜 저에게 화풀이를…

그러니까 외모가 다가 아니라고! 뭣이 중헌디!

지나친 자기애와 자기비하는 해로워!

모습이었을까요? 늙고 사악한 노파의 모습이었어요. 독이든 사과를 먹여 백설공주를 죽이려는 추악한 모습이었죠.

우리는 어떤 사람이 되어야 할까요? 겉모습도 중요하지만 무엇보다 마음이 아름다운 사람이 되어야 해요. 내면이 아름다운 사람으로 성장하기 위해서는 자기가 어떤 모습인지 마음속 거울에 비추어 보고 자기 자신을 헤아려 어떤 점이 잘못되었는지 생각하고 반성하며 아름다운 마음을 가꾸어야 하지요. 신화는 바로 이런 이야기를 들려주고 있어요. 얼핏 황당하고 거짓말 같은 이야기처럼 보일 수 있지만, 그 속에 보석과 같이 반짝이는 변하지 않는 가치를 숨겨 두고 있답니다. 내면의 아름다움의 가치를 숨겨 두었던 나르키소스 이야기처럼 말이죠.

단군 신화의 호랑이는 왜 사람이 되지 못했을까?

신화에는 나르키소스 이야기처럼 개인의 삶을 다룬 이야기도 있고, 함께 어울려 사는 사회에 대한 이야기도 있어요. 사회를 다룬 신화로 우리가 잘 알고 있는 고조선의 건국 신화인 단군 신화를 한번 읽어 볼까요? 단군 신화는 고

★ 삼국유사 고려 시대 때 일연 스님(1206~1289)이 우리나라에 전해져 내려오는 신화, 전설 등의 이야기를 모아 만든 옛 책.

려 시대에 일연 스님이 남긴 『삼국유사★』를 비롯한 여러 옛날 책에 남아 전해지고 있어요. 단군 신화는 하늘 신인 환인의 아들 환웅의 이야기로 시작돼요.

옛날 하늘 신 환인의 아들 환웅은 인간 세상에 나라를 세우고 싶어 했다. 아버지 환인은 아들의 뜻을 알고, 그것이 인간들에게 큰 이익을 줄 것이라 여겨 환웅을 땅으로 내려보냈다. 환웅은 비, 구름, 바람을 다스리는 신하를 비롯한 3천 명의 사람을 거느리고 신성한 나무인 신단수 아래로 내려와 신시라는 도시를 세웠다. 환웅은 함께 내려온 3천 명의 사람들과 함께 농사와 생명, 질병, 형벌 등 360가지의 일을 주관하며 인간 세상을 다스렸다.

어느 날, 곰과 호랑이가 자기들도 사람이 되어 신시에 살고 싶다고 부탁하자 환웅은 쑥과 마늘만을 먹으며 어두운 동굴에서 며칠간 지내면 사람이 될 것이라고 알려 주었다. 곰과 호랑이는 함께 동굴 속으로 들어가 수행했지만 호랑이는 결국 중간에 뛰쳐나가고, 곰만이 끝까지 남아 웅녀라는 여자가 되었다. 웅녀는 신단수 아래에서 아이를 갖게 해 달라고 빌었는데, 이를 본 환웅이 웅녀를 맞이해서 결혼해 아들을 낳으니 그가 바로 단군이었다. 단군은 고조선이라는 나라를 세우고 세상을 다스리다가 고조선의 도읍 아사달에 숨어 산신이 되었는데, 그때 단군의 나이는 1908세였다.

- 『삼국유사』, 일연

　대한민국 사람이라면 누구나 한 번쯤 읽어 봤을 단군 신화는 과연 무슨 의미가 담긴 이야기일까요? 곰처럼 인내하면 복을 받는다는 이야기를 하는 걸까요? 아니면 우리는 하늘에서 내려온 우주인이나 외계인의 후손이라는 것을 알려 주려는 것일까요?

　단군 신화를 이해하기 위해서는 먼저 당시의 상황과 우리의 문화를 살펴볼 필요가 있어요. 환웅이 하늘에서 내려온 이야기를 먼저 살펴볼까요? 동아시아 문화에 속한 한국에서 하늘을 상징하는 방향은 북쪽이에요. 왕의 권력을 하늘이 내린 것이라 여겼던 조선에서 왕은 늘 북쪽에 앉곤 했죠. 또 철새가 날아오는 곳도 북쪽이랍니다. 그래서 예부터 우리 조상들은 철새가 날아오면 북쪽에 있는 조상들이 소식을 보내온다고 생각했어요. 하늘의 방위이자 철새들이 조상들의 소식을 가져오는 북쪽은 신성한 땅과 하늘을 의미했지요. 따라서 환웅과 그가 거느리고 내려온 3천 명의 사람들은 외계인이나 우주인이 아닌, 북쪽에서 내려온 민족이라는 것을 의미해요.

그럼 3천 명의 무리는 어떤 사람들일까요? 오늘날 우리 사회에 있는 음식을 만드는 요리사, 집을 짓는 건축가, 치안을 담당하는 경찰과 같이 사람들이 모여 사는 사회에 필요한 다양한 사람들이에요. 각자 자신의 역할을 수행하는 3천 명의 사람들이 모여서 신의 도시라는 뜻의 신시를 건설한 거지요.

사람들이 신시를 건설하니 곰과 호랑이가 갑자기 신시에 나타나 사람이 되게 해 달라고 빌었어요. 물론 곰과 호랑이는 사람의 말을 할 수 없으니 진짜 곰과 호랑이는 아니었겠지요? 그럼 곰과 호랑이의 존재는 과연 무엇일까요? 아까 환웅과 3천 명의 무리가 북쪽에서 내려와 나라를 세웠다고 했죠? 인류는 구석기 시대 때는 사냥과 채집을 하며 옮겨 다니는 생활을 하다가 신석기 시대 때 농사를 시작하면서 한곳에 정착하며 살기 시작해요. 청동기 시대부터는 고조선과 같은 국가가 세워지고, 계급이 생겨나기 시작했지요.

북쪽에서 내려와 국가를 꾸리고 살아가고 있는 신시의 사람들과 달리 아직 곰과 호랑이처럼 사냥과 채집을 하며 이곳저곳을 떠돌아다니는 야생의 삶을 살았던 부족들은 질서

를 갖추고 도란도란 모여 사회를 이루고 있는 신시를 선망했을지도 몰라요. 곰과 호랑이처럼 야생적으로 살던 사람들이 도시에서 안정적으로 사는 시민들을 부러워한 거죠.

갑자기 낯선 곳에 이사를 가면 적응을 해야 할 거예요. 만약 외국으로 이민을 떠난다고 생각해 보죠. 먼저 그 나라의 말부터 익혀야 하고, 생활 습관이나 문화도 배워야 할 거예요. 하지만 낯선 환경에 적응하기란 말처럼 쉽지 않았을 거예요. 단군 신화에서 곰과 호랑이가 쑥과 마늘을 먹으면서 햇볕이 들지 않는 동굴에서 지냈던 건 새로운 곳에서 적응하기 위해 겪었던 힘들고 고통스러운 과정을 의미하는 것이 아닐까요? 호랑이와 곰과 같은 육식동물들에게 매운 쑥과 마늘만 먹는다는 건 무척 힘든 일이지요. 그러나 인간의 사회인 신시의 시민이 되기 위해서는 이런 적응의 과정을 거쳐야겠지요? 결국 호랑이는 이 힘든 과정을 견디지 못하고 포기했어요. 반면 곰은 끝까지 버텨 내어 웅녀가 되었죠. 이제 웅녀는 신시의 시민이 된 거예요.

오늘날처럼 문화 시설, 편의 시설과 같은 다양한 복지 시설이 없었던 과거에 외부인인 웅녀가 신시에서 혼자 살아가기란 쉽지 않았을 거예요. 사회의 일원이 되기 위해 가족이 필요했던 웅녀는 환웅과 결혼해요. 결혼한 환웅과 웅녀 사이에선 단군이 태어났지요. 사회는 환웅과 웅녀 그리고 단군과 같은 가족 또는 여러 가지 형태의 가구 단위가 모여 살아가는 공동체예요. 단군 신화는 외부인이 한 문명사회의 일원이 되는 다양한 공동체 이야기를 들려주고 있답니다.

옛날 사람들에게 신화는 어떤 존재였을까?

앞서 대홍수 신화는 끔찍한 물난리가 일어났을 때 인류가 살아남으려면 어떤 방식을 취해야 하는지 알려 주었어요. 배를 만들어 대홍수를 피할 수 있었지요. 그리고 조상들은 대홍수 때 경험한 것들을 이야기로 만들어 후손들에게 전했어요. 이런 조상들의 반짝이는 지혜는 신화 속에 남아 오늘날까지 우리에게 전해지고 있지요.

조상들의 지혜를 전달하는 기능 외에 과거 속 신화는 사람들 사이에서 어떤 역할을 했을까요? 신화는 자연 속에서 일어난 사람들의 이야기뿐만 아니라 인간들 세상에 일어나는 여러 가지 사건들 속에서 사람들에게 어떤 선택을 해야할지 알려 주었답니다. 신화가 사람들 사이에서 어떤 기능을 했었는지 추적하기 위해 먼저 인류의 역사를 살펴볼까요?

약 700만 년 전 인류가 등장한 이후 아주 오랫동안 인류는 생존을 위해 필요한 식량과 안전을 최우선으로 삼아야 했어요. 아무것도 가지지 않은 상태에서 전전긍긍하며 생존해 오던 인류는 시간이 흘러 도구와 불을 사용하게 되었고, 점점 성대의 근육이 발달해 말을 할 수 있게 되었어요. 인류가 말로 소통을 시작한 정확한 시기는 아직 알 수 없지만, 분명한 것은 현생 인류로 분류되는 호모 사피엔스가 소리를 통해 말을 주고받는 언어를 사용했다고 해요. 호모 사피엔스보다 앞선 시기에 살았던 네안데르탈인도 소리를 낼 수 있는 발성 기관이 있었지만, 정말로 우리들처럼 소리를 통해 대화를 했는지는 아직 정확하게 밝혀지지 않았어요.

약 4만 년 전, 네안데르탈인이 세상에서 사라지고 세상에 인류는 호모 사피엔스만이 남게 되었어요. 지금의 인류라 할 수 있는 호모 사피엔스는 오늘날과 비슷한 문명 세계를 만들어 냈어요. 특히 언어는 인류가 문명을 건설하는 데 아주 결정적인 역할을 했답니다.

그런데 야생의 삶에서 문명사회를 만들어 내는 건 생각만큼 간단한 일이 아니에요. 특히 사냥과 채집을 하며 이곳저곳을 옮겨 다니는 이동 생활을 하다 농사를 짓게 되면서 땅을 파서 지은 움집에 모여 살게 되었는데, 그 과정에서

도둑질, 말다툼 등 많은 문제들이 발생했지요. 그래서 오늘날에는 법과 같은 여러 가지 제도를 통해서 사람들이 제멋대로 행동할 수 없도록 통제하며 많은 사람들이 함께 안전하게 살아갈 수 있도록 애쓰고 있죠. 그럼에도 불구하고 자기 멋대로 행동하거나 자기의 욕심 때문에 남을 해치기도 하고, 심지어는 남의 물건을 빼앗거나 사람을 죽이는 끔찍한 일이 벌어지기도 해요.

그건 과거에도 다르지 않았어요. 그렇다면 법과 같은 제도가 갖추어지지 않았던 때에 사람들은 어떻게 공동체 사회의 질서를 유지했을까요? 법과 같은 제도와 유사한 것이 있어야 했겠죠? 오늘날의 법과 같은 권위를 지닌 것이 필요했을 텐데, 그 역할을 한 것이 바로 신들의 이야기인 신화랍니다.

사람이 아닌 '신' 중심의 세계였던 오랜 옛날에는 신의 말이나 신의 이야기가 오늘날의 법보다 더 강력한 힘을 지니고 있었어요. "남의 물건을 빼앗으면 신이 벌을 내린대"라는 말은 도둑질을 하면 처벌을 하는 법과 같은 기능을 했지요. 훗날 신의 말을 법이나 제도와 같은 체계로 만든 것이 종교예요. 종교도 사람들에게 세상을 어떻게 살아가야 하는지에 대해 이야기하고 있지요.

법과 같은 엄격한 제도를 갖추고 인간 중심의 사회를 가꿔 나가는 오늘날에는 신화를 단순히 재미있는 옛날이야기로 생각하는 사람들이 많지만, 신의 힘이 강력하게 지배하고 있었던 오랜 옛날에는 신들의 이야기인 신화가 오늘날법과 같은 역할을 했던 거예요. 자연에서 일어나는 재해나맹수들의 침입과 같은 일들뿐만 아니라, 사람들이 모여서함께 살아가는 공동체 안에서 일어나는 여러 가지 일들에대응하기 위해 신화는 꼭 필요한 이야기였답니다.

주몽은 왜 헤어진 아들에게 수수께끼를 냈을까?

시간이 흘러 아이가 자라면 어른이 되지요. 그런데 어른이 된다는 건 마냥 쉬운 일이 아닌 것 같아요. 나이만 먹는다고 저절로 어른이 되는 건 아니잖아요? 어른이라면 어른처럼 생각하고 행동해야 하는데 말처럼 쉽지 않지요. 그래서 예부터 인류는 어른이 되는 의례, 즉 성인식이라는 것을해 왔어요. 성인식을 거쳐야지만 사회로부터 진정한 어른으로 인정을 받을 수 있었죠.

오늘날 경제적으로 발달한 나라에서는 성인식을 찾아보

기 힘들지만 여전히 성인식을 하는 나라들이 많이 있어요. 어른이 된다는 것은 매우 중요한 일이기 때문이죠. 우리나라에서도 매년 5월 셋째 주 월요일이면 전국 곳곳에서 전통 복장을 차려 입고 성년의 날 행사를 진행해요. 가족이나 친구들끼리는 장미와 향수 등을 선물하며 간단히 성인이 된 것을 축하하기도 하지요. 다른 지역에서는 어떤 성인식을 하고 있을까요?

번지점프를 해야 어른으로 인정받는 곳도 있어요. 번지점프는 원래 남태평양에 있는 펜타코스트라는 섬에 사는 원주민들의 성인식이었어요. 펜타코스트 섬의 아이들은 어른이 되기 위해 높은 단 위에서 넝쿨로 만든 줄을 발에 매달고 뛰어내려야 해요. 자칫 목숨을 잃을 수도 있지요. 하지만 만약 무서워서 뛰어내리지 못하면 어른이 될 수 없어요. 펜타코스트 섬에서 성인식을 통과하지 못하면 결혼도 할 수 없고, 사회에서 어른 대접을 받지 못하게 돼요.

또 다른 지역에서는 어른으로 인정받기 위해 치아 하나를 부러뜨리기도 하고, 6개월 정도 출가를 해서 승려 생활을 해야 하는 곳도 있답니다. 일주일 정도 사람들이 없는 곳에서 아무것도 먹지 않고 견뎌야 어른이 되는 곳도 있어요. 아무리 어른이 된다는 것이 중요하다지만 조금 과한 것

같다는 생각이 들기도 하죠?

예부터 어른이 된다는 것은 매우 중요한 일이었기 때문에 신화에서도 어른이 되는 것에 관한 이야기가 많이 전해지고 있어요. 신화에서는 주로 자기에게 주어진 어려운 일을 해결하는 것으로 한 인물이 어른으로 성장해 가는 과정을 이야기하곤 해요.

우리나라의 고구려 건국 신화인 주몽 신화를 읽어 볼까요? 하늘의 자식인 해모수의 아들로 알에서 태어나 활 솜씨가 뛰어났던 주몽은 동부여 왕자들의 시기심과 질투를 피해서 남쪽으로 향했어요. 뒤에서는 동부여의 군대가 쫓아오고, 앞에서는 강물이 길을 막았을 때 물고기와 자라가 다리를 만들어 주몽이 무사히 강을 건너게 해 주었어요. 주몽의 어머니 유화는 강을 지배하는 신 하백의 딸이었거든요. 끝없이 남쪽으로 향하던 주몽은 비류국*이라는 나라에 정착해 고구려를 세우고 왕이 되었어요.

> ★ **비류국** 고구려가 처음으로 점령한 나라로 언제 건국되었는지는 알 수 없다.

그런데 임신을 해 주몽과 함께 남쪽으로 떠나지 못하고 동부여에 남아 있었던 주몽의 아내는 유리라는 이름을 가진 아이를 낳았어요. 주몽의 아들 유리는 어릴 때부터 아버지를 닮아 총명했고, 활을 잘 쏘았어요. 어느 날 유리가 사냥을 나갔다가 실수로 어느 여자가 머리에 이고 있던 물동이를 맞췄는데, 그 여자는 아비 없는 자식이라며 유리에게 욕을 해댔어요. 속상해진 유리는 어머니에게 자신의 아버지가 누구인지 물어보았지요. 유리의 어머니는 아버지 주몽에 대해 말해 주었어요. 아버지의 정체를 알게 된 유리는 당장 아버지를 만나러 가겠다고 했지요. 하지만 유리가 아버지를 만나러 가기 위해선 주몽이 남긴 수수께끼를 풀어야 했어요. 과연 주몽이 아들 유리에게 남긴 수수께끼는 어떤 것이었을까요?

"일곱 고개, 일곱 골짜기 돌 위의 소나무에 물건을 감추어 두었다. 이것을 찾는 사람이야말로 진정한 내 아들이다."

아버지가 남긴 수수께끼를 알게 된 그날부터 유리는 하루 종일 산과 들판을 돌아다니면서 일곱 고개와 일곱 골짜기를 찾아다녔어요. 그러나 그 어디에도 주몽이 말한 그런 곳은 없었지요. 게다가 돌 위의 소나무는 또 어떤 의미인지 전혀 알 수가 없었어요.

유리가 아버지의 수수께끼 속 물건을 찾으러 다닌 지도 꽤 오랜 시간이 지났어요. 하지만 유리는 여전히 수수께끼를 풀지 못했지요. 그날도 온종일 수수께끼를 풀기 위해 돌아다니다가 지쳐서 집에 돌아왔어요. 유리는 수수께끼를 풀지 못하면 아버지를 만날 수 없었기에 풀이 죽어 있었죠. 마루에 쓰러지듯이 누웠을 때 어디선가 슬픈 소리가 들려왔어요. 유리는 그 소리가 들리는 곳을 찾아 집안 곳곳을 뒤지다 우연히 수수께끼를 풀었어요. 바로 기둥이었어요. 소나무로 만든 일곱 개의 모가 난 기둥이 주춧돌* 위에 서 있는 것을 보고 깨달은 것이지요. 유리는 기둥 아래에서 부러진 칼 하나를 찾아냈어요.

> ★ **주춧돌** 집을 지을 때 기둥을 받쳐 주는 돌.

마침내 오랜 고생 끝에 아버지의 수수께끼를 푼 유리는 동부여 군대의 감시를 피해 남쪽으로 내려가 아버지를 만났어요. 유리가 주몽에게 부러진 칼을 건네자 주몽은 품속에서 부러진 칼날을 꺼내어 맞추어 보았어요. 그러자 칼에서 피가 흐르며 쪼개진 두 검이 하나로 이어졌어요. 주몽은 어려운 수수께끼를 풀고 자기를 찾아온 아들 유리를 고구려의 왕자로 삼았고, 유리는 주몽이 세상을 떠난 뒤에 고구려의 두 번째 왕이 되었답니다.

주몽이 아들 유리에게 낸 수수께끼는 어른이 되기 위한 관문으로 생각할 수 있어요. 만약 유리가 수수께끼를 풀지 못했다면 아버지를 만날 수 없었을 것이고, 고구려의 두 번째 왕도 되지 못했을 거예요.

신화 속 성인식: 아버지를 찾아서!

아버지를 만나기 위해 숨겨둔 징표를 찾아내는 이야기는 그리스 신화에서도 전해져요. 이야기의 주인공은 바로 아테네의 영웅 테세우스예요. 테세우스의 아버지는 큰 바위 밑에 칼을 숨겨 두고, 그 칼을 갖고 와야만 자신의 아들로 인정할 수 있다고 말했어요. 테세우스는 아버지가 감춰둔 칼을 찾기 위해 열심히 힘을 길렀고, 마침내 큰 바위를 들어 올리고 칼을 꺼내 아버지를 만나러 갔어요. 아버지를 만나러 가는 길도 바위를 들어 올려 칼을 찾아내는 것만큼 쉽지 않았어요. 하지만 테세우스는 고구려의 유리가 그랬던 것처럼 아버지의 미션을 하나둘씩 해냈지요. 테세우스는 칼을 꺼내기 위해 힘을 기르고 악당을 물리치며 외적으로뿐만 아니라 내적으로도 많이 성장했을 거예요. 그 과정에서 어른으로 성장할 수 있었겠지요. 이런 점에서 테세우스가 아버지를 만나러 가기 위해 겪었던 과정도 성인이 되기 위한 의례 중 하나라고 생각할 수 있어요. 유리가 주몽의 수수께끼를 풀고, 테세우스가 큰 바위 밑에 있는 칼을 스스로의 힘으로 찾아낸 것은 전보다 한 단계 성장했음을 의미하니까요. 엄청난 힘을 길렀을 뿐만 아니라 세상의 비밀을 풀 수 있는 지혜까지 겸비하게 된 거예요. 지혜와 힘을 모두 갖춘 어른이 된 유리와 테세우스는 마침내 한 나라의 왕이 될 수 있었죠.

자신의 인생을 온전히 책임질 수 있는 어른이 된다는 건 결코 쉬운 일이 아니에요. 어른이 되는 과정을 거쳐야만 하니까요. 오늘날 우리는 어떤 과정을 겪어야 어른이 될 수 있을까요? 정해진 답은 없으니 자유롭게 고민해 보세요. 유리나 테세우스처럼 직접 무언가를 나서서 하지 않더라도 이런 고민을 하면서 어른이 되는 과정에 한 발자국 더 가까이 다가갈 수 있을 거예요.

우리나라는 아주 오랜 옛날부터 사람들이 살았고, 그 오랜 시간의 흔적만큼 다양한 신화가 전해지고 있어요. 수많은 신화들은 크게 두 갈래로 전해지고 있어요.

하나는 앞서 살펴봤던 단군 신화처럼 『삼국유사』를 비롯한 책에 기록되어 전해지는 것이에요. 또 다른 하나는 사람들의 입에서 입으로 지금까지 전해져 내려오고 있는 신화이지요. 먼저 책에 기록되어 전해지는 신화를 살펴볼까요?

한반도에서 신화가 가장 많이 기록되어 있는 책은 단연 일연 스님의 『삼국유사』입니다. 1900년대 초반에 활동했던 학자 최남선은 "만약 『삼국유사』가 없었다면 우리는 우리나라의 고대 세계를 잃을 뻔했다"라고 말하며 『삼국유사』의 가치를 전하기도 했지요. 『삼국유사』를 들여다보는 건 우리가 잘 기억나지 않는 어릴 적 추억을 몇 장 남은 사진을 통해 기억하는 것과 비슷해요.

학자 최남선은 『삼국유사』에서 가장 소중한 부분으로 신화를 꼽았는데요, 특히 『삼국유사』 「기이」에는 다양한 신화들이 실려 있어요. 신기한 이야기를 모아 놓았다는 의미를 지니고 있는 「기이」는 단군 신화를 비롯해 국어

시간에 배우는 신라의 왕 박혁거세 신화와 석탈해 신화 그리고 가야의 왕 김수로 신화 등 모두 61편의 이야기가 기록되어 있지요. 「기이」 다음으로는 「감통」이라는 부분에 신화가 가장 많이 실려 있는데요, 「감통」에 수록된 신화 한 편을 함께 읽어 볼까요?

4월 초하룻날 하늘에 해가 두 개 나타나 열흘 정도 그대로 있었다. 천문을 맡은 관리가 인연이 있는 승려를 청해 액막이를 해야 한다고 말했다. 왕은 몸과 마음을 깨끗이 하고 인연이 있는 승려를 기다렸다. 그때 월명사가 나타나 그 사연을 듣고 〈도솔가〉를 이어 읊었다. 얼마 후 하늘에서 해가 하나 사라졌다.

- 『삼국유사』 「감통」의 일부

하늘에 해가 두 개 나타나면 세상이 뜨거워지고 사람들은 고통을 받게 될 거예요. 이처럼 사람들을 괴롭히는 것을 우리는 흔히 괴물이라고 불러요. 그리스 신화에서는 용감한 영웅들이 무시무시한 괴물과 맞서 싸워 물리쳐요. 수많은 땀과 피를 흘리며 혈투를 벌이죠. 해가 10개씩이나 나타난 중국의 신화에선 '예'라는 이름을 가진 영웅이 활을 쏘아 9개의 해를 떨어뜨려 사람들을 구해요.

그런데 우리의 신화는 조금 달라요. 왕의 부름을 받은 승려 월명사가 〈도솔가〉라는 노래를 만들어 부르자 해가 하나 물러났지요. 싸우지 않고 노래의 힘으로 괴물을 물리친 거예요. 우리는 괴물을 물리치려면 힘으로 싸워야 한다고만 생각하기 쉽지만, 우리의 조상은 노래나 말로 이들을 설득해서 자연스럽게 사라지도록 만든 거지요. 『삼국유사』에는 월명사처럼 평화로운 방법으로 괴물을 물러가게 만드는 이야기들이 여러 편 실려 있어요.

무시무시한 괴물에 맞서 피를 흘리고 싸워 물리치는 것도 멋지지만, 노래를 지어 부르는 것처럼 평화로운 방법으로 괴물을 물리친 우리 조상의 모습도 아름답지 않나요?

한편 한반도에는 글로 기록되지 않고, 입에서 입으로 전하는 신화도 많이 있는데요, 함경도부터 제주도까지 여러 각지에서 다양한 이야기를 담은 신화가 전해지고 있지요. 이 신화들은 주로 신과 소통하는 무당들의 노래를 통해 전해 내려와요. 무당들이 노래를 통해 신과 소통하며 부리는 주술★과

★ **주술** 인간의 나쁘거나 좋은 기운을 신과 같은 신비로운 힘을 통해 해결하려는 방법.

이와 관련된 종교를 샤머니즘이라고 불러요.

　2017~2018년을 뜨겁게 달궜던 영화 〈신과 함께〉의 원작 웹툰에 등장하는 저승사자 강림의 이야기와 인기 만화 〈신비아파트〉에 등장하는 캐릭터 최강림은 제주도에 전해지는 〈차사본풀이〉라는 신화에서 영감을 받은 것이지요. 신화 속에 등장하는 재미있는 이야기와 캐릭터들은 이처럼 오늘날 만화나 영화, 소설 등 다양한 콘텐츠에 또 다른 모습으로 남아 여전히 우리 곁에서 살아 숨 쉬고 있어요.

　하지만 우리의 신화는 그리스 신화나 북유럽 신화에 비해 널리 알려지지 않았어요. 최근에 들어서야 조금씩 드라마나 영화 같은 미디어 매체를 통해 관심을 받기 시작하는 중이지요. 외국의 신화도 흥미롭지만 이번 기회를 통해 『삼국유사』에 실린 여러 신화를 비롯해 우리 조상들의 생각이 담긴 우리나라의 신화에도 관심을 가져 보는 건 어때요?

4장
우리는 왜 지금도
신화를 읽을까?

신화가 상상력의 날개라고?

오랜 과거부터 오늘날까지 신화는 사람들로부터 많은 사랑을 받고 있어요. 신화를 소재로 한 책이 꾸준하게 판매되고 있고, 끊임없이 신화를 소재로 한 여러 가지 콘텐츠가 만들어지고 있지요. 최근의 사례를 보면 북유럽 신화 속 인물 토르가 재해석되어 등장한 〈어벤져스〉 시리즈가 한동안 사람들의 열광적인 사랑을 받았어요.

사람들이 오랜 세월 동안 신화를 좋아하고 사랑하는 이유는 뭘까요? 사람들이 여전히 신화를 찾는 가장 큰 이유는 신화가 우리가 주고받는 소설, 영화, 드라마 등 모든 이야기의 뿌리이기 때문이에요. 오늘날 우리가 소비하는 글과 영화 속 곳곳에 신화 이야기가 숨겨져 있지요. 인류는 예부터 지금까지 이야기를 싫어해 본 적이 없어요. 예나 지금이나 사람들이 모이면 늘 이야기꽃을 활짝 피우는 모습

을 볼 수 있죠? 이야기는 사람들이 가장 좋아하는 놀이이
자 생활이에요. 사람들이 사는 세상은 크고 작은 이야기들
로 가득 차 있지요. 아주 사소하고 일상적인 것부터 깊은
지혜가 담겨 있는 다양한 이야기들 속에는 인류의 작은 경
험부터 엄청난 체험까지, 우리가 살아가는 삶의 모든 내용
이 담겨 있어요.

그렇지만 사람들이 여전히 변하지 않고 신화를 찾는 이
유는 무엇보다 재미있기 때문이에요. 북유럽 신화 속 귀여
운 난쟁이의 흥미로운 이야기를 한번 함께 읽어 볼까요?

옛날 옛적 북유럽 세계에 호기심 많은 한 난쟁이가 살았
어요. 햇빛이 들어오지 않는 땅속 세계에 사는 난쟁이였지
요. 북유럽 신화의 난쟁이들은 보통 황금을 좋아해요. 하
지만 모든 난쟁이가 황금을 좋아하는 건 아니었어요. 난쟁
이들 가운데 '알비스'는 황금보다 엉뚱한 공상하기를 좋아
했어요. 특히 땅속 바깥 세상에 관심이 많았지요.

어느 날 알비스는 전쟁의 신 토르의 딸 트루드와 결혼을
해야겠다고 결심했어요. 갑자기 신의 딸과 결혼이라니, 정
말 엉뚱하죠? 알비스는 해가 지고 어둠이 내려앉자 신들이
살고 있는 아스가르드를 찾아갔어요. 그런데 알비스는 토
르와 트루드가 어떻게 생겼는지, 심지어 어디에 사는지도

몰랐지요. 무턱대고 트루드를 찾아 나선 거예요. 알비스는 한참 동안 아스가르드를 돌아다니다가 덩치가 아주 큰 신을 만나 토르의 집이 어디인지 물었어요. 알비스가 길을 물은 덩치 큰 신이 바로 트루드의 아버지 토르였지요. 자기를 찾아온 용건이 무엇인지 묻는 토르에게 알비스는 당당한 표정으로 딸 트루드와 결혼하게 해 달라고 말했어요. 토르는 당연히 어처구니가 없다는 표정으로 단호하게 돌아가라고 말했지요. 그러자 알비스는 자기가 왜 트루드와 결혼을 해야 하는지 주절주절 늘어놓기 시작했어요. 알비스는 으스대며 세상에 모르는 것이 없는 가장 똑똑한 난쟁이라고 자기를 소개했어요. 잔꾀가 번뜩 떠오른 토르는 잘난 척하는 알비스에게 자신이 묻는 말에 모두 대답한다면 트루드와의 결혼을 허락하겠다고 했어요.

"뭐든지 물어보세요!"

알비스가 기뻐하며 자신 있게 말했어요. 토르는 부드럽지만 익살맞은 표정으로 알비스에게 이것저것 묻기 시작했어요.

"우리가 사는 세상을 감싸고 있는 땅을 무엇이라고 부르는가?"

알비스는 너무 쉽다는 표정으로 서슴없이 대답했어요.

"미드가르드에 사는 인간들은 대지라고 부르고, 신들은 들판이나 진흙이라고 부르지요."

"우리가 고개를 들면 볼 수 있는 저 바다의 자식인 하늘은 무엇이라고 하는가?"

"사람들은 천국이라고 부르고, 서리 거인은 높은 집, 난쟁이들은 물이 떨어지는 저택, 어떤 신들은 바람이 나오는 곳이라고 말하지요."

"그렇다면 밤이면 하늘에 걸리는 저 달에 대해서는 무엇이라고 하는가?"

알비스는 끊임없이 퍼붓는 토르의 질문에 막힘없이 대답했어요.

"사람들은 저것을 달이라고 부르지만, 신들은 가짜 해라고 부르지요. 또 서리 거인은 발 빠른 나그네, 난쟁이들은 빛나는 것, 요정들은 시간을 알려 주는 존재라고 부르지요."

토르는 알비스의 거침없는 대답에 감탄했다는 듯이 고개를 끄덕이며 물었어요.

"자네는 모르는 것이 없군. 그렇다면 하늘에 떠 있는 해는 무엇이라고 부르는가?"

알비스는 토르의 칭찬을 듣고 신이 나서 들뜬 목소리로

대답했어요.

"인간들은 태양이라고 부르지만, 신들은 공이라고 부르
지요. 난쟁이들은 드발린*의 기쁨이라고
부르고, 서리 거인은 영원히 빛나는 것,
요정들은 근사한 바퀴라고 부른답니다."

★ 드발린 잠자는 존재라는
뜻의 이름을 가진 북유럽
신화의 난쟁이.

"그렇다면 세상의 모든 것을 알고 있는 알비스여, 구름은
뭐라고 부르는가?"

대화가 계속되자 알비스는 더욱 더 신이 났어요.

"사람들은 그것을 구름이라고 부르지만 신들은 비가 올
가능성이라고 부르며, 서리 거인은 비가 올 희망, 요정들은
날씨의 힘, 저승에서는 비밀을 안고 있는 가면이라고 부릅
니다."

"그렇다면 바람은 무엇이라고 부르는가?"

"인간들은 그저 바람이라고 부르지만, 신들은 흔드는 존
재나 울부짖는 존재라고 부르고, 요정들은 포효하는 나그
네, 저승에서는 거센 돌풍이라고 부릅니다. 또 무엇이 궁금
하신지요?"

토르와 알비스는 밤이 새도록 이런 질문과 대답을 끊임
없이 주고받았어요. 끝없는 토르의 질문은 해가 떠오를 무
렵이 되어서야 비로소 끝이 났지요.

"나는 자네처럼 오랜 지혜를 잘 알고 있는 난쟁이를 본적이 없어. 그런데 자네 그 입이 문제라는 것을 알고 있나? 햇살이 자네의 몸을 휘감고 있다는 것도?"

지하 속에서 살아가는 난쟁이들은 햇빛을 보면 돌로 변해 버리고 말아요. 알비스는 토르의 말에 화들짝 놀라며 그늘에 몸을 숨기려고 했지만 이미 늦었어요. 쨍쨍 내리쬐는 햇빛이 이미 알비스의 몸을 휘감고 있었죠. 당황해하는 알비스를 보며 토르는 이렇게 말했어요.

"자네는 햇빛을 받았으니 이제 돌로 변하겠지. 난 이만 들어가 쉬어야겠어."

트루드와 멋진 결혼을 꿈꾸었던 알비스의 시도는 비극으로 끝을 맺었지만, 자연의 이름을 다양한 표현으로 묘사했던 알비스의 이야기가 기억에 남지 않나요?

난쟁이 알비스의 이야기는 옛 북유럽 사람들이 땅과 하늘 그리고 해와 달과 같은 자연을 어떤 존재로 생각했는지 말해 주고 있어요. 태양을 근사한 바퀴라고 부르는가 하면, 달은 발이 빠른 나그네, 구름은 비밀을 안고 있는 가면, 바람은 울부짖는 존재라고 했지요. 다양한 자연물을 이름 그대로 이야기하지 않고 상상력을 덧붙여 참신한 이름을 만들어 낸 북유럽 사람들의 생각이 참 기발해요. 여러분도 주변에 있는 사물에 이렇게 예쁜 이름들을 붙여 보아요. 여러분의 상상력 주머니가 쑥쑥 자랄 거예요. 세상을 바라보는 눈도 함께 커지겠죠?

제우스를 도운 노부부는 왜 나무가 되었을까?

오늘날 세상은 매우 빠른 속도로 변하고 있어요. 실제로 인류의 역사를 보면 한동안 변하지 않다가 어느 한 시기에 농업혁명, 산업혁명, 기술혁명과 같이 혁명이라 부를 만큼 큰 변화가 일어났고, 세상이 크게 바뀌었지요. 현재는 기술혁명이 진행되고 있는데요, 과학의 발전과 더불어 그 어느때보다 특히 세상의 변화가 더욱 많이 일어나는 때예요.

삶의 가장 큰 변화 가운데 하나는 직업이에요. 지금으로부터 불과 200~300여 년 전에는 지구에 사는 대부분의 사람들이 농사를 짓고 살았답니다. 그런데 18세기 후반 무렵 영국의 산업혁명으로 인해 공장이 늘어나자 사람들은 일자리를 찾아 농촌에서 도시로 이동했어요. 현재는 농촌에서 일하는 농부보다 회사라고 부르는 직장에서 컴퓨터 앞에 앉아 일하는 직장인들이 훨씬 많아졌어요. 농부에서

한 회사의 직장인으로 직업 환경이 바뀌자 사람들의 삶도 많은 것들이 변했답니다. 예를 들면 농사를 지을 때는 봄에 씨앗을 뿌리고 가을에 추수를 해 1년 동안 먹고살 것을 마련해야 했다면, 오늘날 도시의 사람들은 한 달에 한 번 월급을 받거나 물건을 팔아 먹고사는 데 필요한 돈을 마련하지요.

한편 기술의 발달에 따라 생활을 편리하게 해 주는 발명품이 속속 등장하면서 사람들의 생활이 편리해졌어요. 우리가 늘 입고 다니는 옷을 예로 들어 볼까요? 한국의 경우 비교적 최근이라고 할 수 있는 1970년대까지 대부분 집에서 옷을 만들어 입거나 맞춤복을 사 입었어요. 인터넷 쇼핑몰은 물론 없었고, 기성복을 파는 가게도 드물었지요. 하지만 오늘날에는 도심 곳곳에 기성복을 파는 옷가게가 즐비하게 늘어서 있고, 굳이 외출을 하지 않더라도 인터넷 세상에서 클릭 몇 번이면 언제든지 사고 싶은 옷을 주문할 수 있지요.

그러나 아무리 시간이 많이 흐르고 세상을 바꾸는 혁명이 찾아와도 잘 변하지 않는 것들이 있어요. 사랑이나 우정처럼 주로 보이지 않는 가치나 미덕 같은 것들이지요. 이것들은 사람들이 함께 살아가기 위해 꼭 필요한 것들이에요. 신화의 이야기 속에는 사랑과 우정처럼 변하지 않는 가치의 소중함이 담겨 있어요. 노부부의 따뜻한 삶의 미덕이 녹아 있는 그리스 신화 이야기 한 편을 함께 읽어 볼까요?

어느 날 신들의 왕 제우스와 신의 뜻을 사람들에게 전해 주는 전령의 신 헤르메스가 인간의 모습을 하고 함께 인간 세상으로 내려갔어요. 인간 세상의 실태를 살펴보기 위해서였지요. 올림포스를 떠나 여기저기를 둘러보던 둘은 프리기아 지역에 있는 어느 마을에 도착했어요. 제우스와 헤르메스는 사람들의 집을 찾아가 하룻밤 묵고 가기를 원했어요. 그러나 마을 사람들은 아무도 둘을 받아 주지 않았어요. "쾅!" 소리를 내며 문을 닫아 버렸죠. 심지어 돌을 던지며 쫓아내는 사람도 있었어요.

그런데 단 한 집만은 제우스와 헤르메스를 반갑게 맞아 주었답니다. 아주 낡고 초라한 집이었지요. 그 집에는 늙고 가난한 농부인 필레몬과 그의 아내 바우키스가 살고 있었어요. 마음씨 착한 노부부는 나그네를 집 안으로 들여 낡은 방석이 깔린 의자를 내오고, 화로에 불을 붙여 나그네들이 따뜻하게 쉴 자리를 만들어 주었어요. 풍성하지는 않았지만 정성이 가득 담긴 식사까지 대접해 주었지요.

노부부는 기우뚱거리는 책상을 기왓장으로 고정시키고,

그 위에 포도주를 곁들인 소박한 식사를 차려 나그네들에게 내주었어요. 그런데 아무리 포도주를 잔에 따라도 병에 담긴 포도주가 줄어들지 않았어요. 줄지 않는 포도주에 놀란 노부부는 그제야 나그네들이 보통 사람이 아님을 알고 허름한 음식을 내놓은 것에 대해 용서를 빌었어요. 용서를 비는 노부부에게 제우스는 이렇게 말했답니다.

"나그네를 대접할 줄 모르는 네 이웃은 곧 큰 벌을 받게 될 것이다. 그러나 우리를 따스하게 맞아 준 너희들은 그 벌을 받지 않을 것이다. 우선 나를 따라오너라."

두 노인은 신이 이끄는 곳으로 지팡이를 짚으며 산으로 올라갔어요. 산 정상에 못 미쳐 뒤를 돌아보았을 때 마을은 노부부의 집만 빼고 모두 물에 잠겨 있었어요. 노부부는 이웃 사람들의 불행을 슬퍼하며 눈물을 흘렸지요. 그때 제우스가 물었어요.

"너희들이 우리를 대접해 주었으니, 한 가지 소원을 들어 주겠다."

필레몬과 바우키스는 한동안 논의를 한 끝에 제우스에게 말했어요.

"우리는 신의 신전을 지키는 신관이 되고 싶습니다. 다만 저희가 한평생 함께 살았으니 죽을 때도 함께 죽고 싶습니다. 제가 아내의 장례를 치르지 않고, 아내 또한 저를 묻는 일이 없도록 말이지요."

제우스는 노부부의 대답에 흡족했는지 미소를 지으며 고개를 끄덕였어요. 필레몬과 바우키스의 집은 어느새 제우스의 신전으로 변해 있었지요. 필레몬과 바우키스가 그들의 바람대로 제우스 신전을 지키는 신관이 된 거예요.

오랜 세월이 흐른 뒤, 어느 날 제우스의 신관이 된 노부부는 옛날이야기를 함께 나누고 있었어요. 그때 바우키스는 필레몬의 몸에서 잎이 돋는 것을 보았어요. 필레몬 또한 바우키스의 몸에서 잎이 돋는 것을 보았지요. 서로의 몸에서 잎이 돋고 가지가 뻗어 올라가는 것을 지켜보며 드디어 노부부는 죽음이 다가오는 것을 느꼈어요. 노부부는 서로에게 작별 인사를 하고 인간으로서의 인생을 마무리한 뒤, 나무의 모습으로 변했어요. 제우스에게 말했던 소원대로 사람으로서는 죽음을 맞이했지만, 아름다운 두 그루의 나무가 되어 평생 함께할 수 있게 된 거예요. 나무가 된 노부부는 그 자리에 오랫동안 머물며 마을을 지켰답니다.

머물 곳이 없는 어려움에 처한 나그네에게 선뜻 따뜻한 손길을 내밀 줄 아는 따뜻한 미덕과 부부 간의 성숙한 사랑이 느껴지지 않나요? 어려움에 처한 사람에게 도움의 손

길을 건네고, 타인과 함께 어울리며 살아가야 하는 건 오랜 옛날부터 지금까지 인간이라면 꼭 갖추어야 할 변하지 않는 가치랍니다. 물론 이를 이용해 나쁜 짓을 벌이려는 사이비는 구별하여 벌을 내려야 해요.

필레몬과 바우키스 노부부는 가난한 살림에도 불구하고 묵을 곳을 찾지 못해 어려움에 처한 나그네들을 위해 기꺼이 따뜻한 집과 맛있는 식사를 내어 주었어요. 노부부의 선한 마음씨에 감동한 제우스는 영원히 함께하고 싶다는 노부부의 소원을 들어주었지요. 반면 가차 없이 제우스와 헤르메스를 외면했던 마을 주민들의 집은 노부부와 제우스가 산에 올라간 사이 물에 잠겨 버리고 말았어요.

필레몬과 바우키스의 감동적인 이야기는 우리에게 사람들과 더불어 살아가는 삶의 가치를 전하고 있어요. 이러한 삶의 가치는 어느 시대에나 변하지 않는 소중한 도덕적 가치이죠. 그뿐만 아니라 이 이야기는 앞으로 우리가 어떻게 살아가야 할지에 대한 해답을 가르쳐 주고 있어요. 세상은 혼자만의 것이 아니라 서로가 함께 어울려 살아가야 할 우리 모두의 것이지요. 옛 사람들은 이처럼 오랫동안 어떻게 사는 것이 더 현명하고 가치 있는 삶인지에 대해 진지하게 고민하고 내린 결론을 이야기에 담아 후손들에게 전했어요. 그 이야기가 바로 지금 우리가 여행하고 있는 신화랍니다.

북유럽 신화가 대세라고?

　과거 그리스 신화가 그랬던 것처럼 오늘날 북유럽 신화는 여러 콘텐츠를 통해 우리에게 많이 친숙해졌어요. 세계적으로 흥행한 영화 〈어벤져스〉 시리즈에 북유럽 신화 속 전쟁의 신인 토르와 트릭스터* 로키의 캐릭터가 등장하기도 했죠. 북유럽 신화에서 신들이 살고 있는 터전인 아스가르드도 나왔어요.

> ★ **트릭스터** 신화 속에서 사회의 도덕과 관습을 무시하고 질서를 깨뜨리는 인물.

　요즘 이토록 북유럽 신화 속 신들이 인기를 얻고 있는 이유는 무엇일까요? 본격적으로 탐색해 보기 전에 먼저 북유럽 세계에 대해 살펴보아요. 신화를 알기 위해서는 그 신화를 가진 사람들이 살아온 자연환경을 잘 이해하는 게 중요하니까요.

　북유럽은 정확하게 어딘지 정해져 있지는 않지만, 유럽 대륙의 북쪽에 자리한 스웨덴, 노르웨이, 핀란드에 덴마크와 아이슬란드 등을 더한 지역을 가리키는 말이에요. 이곳에는 북쪽에 사는 사람들이라는 의미를 지닌 노르만족이 살았어요. 북유럽은 북위 55°가 넘는 고위도 지역에 있어서 예부터 북극의 영향을 많이 받아 아주 춥고 거친 땅이었지요. 얼음이 꽝꽝 언 고위도 지역의 북유럽 신화를 보면 신들과 서리 거인이 얼음 속에서 태어나곤 하는데요, 추운 지역인 북유럽의 척박한 환경의 영향을 받아 얼음이나 눈과 관련된 재미있고 아주 독특한 개성을 가진 캐릭터들이지요.

북유럽 신화가 요즘 높은 인기를 누리게 된 이유 가운데 또 하나는 우리의 생각과 상상력은 고정되어 있기를 싫어하기 때문이에요. 아무리 맛있는 음식도 삼시세끼를 모두 한 음식만 먹는다면 질리겠죠? 매일 한 가지 음식만 먹고 살 수 없는 것처럼 우리는 항상 우리의 호기심을 계속해서 자극시켜 줄 수 있는 새로운 이야기를 원한답니다.

서양에서는 오랫동안 주로 그리스 신화를 토대로 그들의 취향과 상상력을 발전시켰어요. 특히 제우스를 비롯한 올림포스 열두 신의 이야기를 다룬 그리스 신화는 연극, 문학, 음악 등 서양 문화의 뿌리라고 불리기도 하지요. 그런데 그리스 신화를 다룬 콘텐츠가 세상에 넘쳐나니 이제 좀 지루해졌어요. 사람들은 상상력 주머니를 자극시켜 줄 새로운 신화 이야기를 원했지요. 그 새로운 신화가 바로 북유

럼 신화예요.

앞으로 세월이 흐르면서 사람들은 북유럽 신화를 넘어 또 다른 이야기를 읽고 싶어 할 거예요. 그럼 아시아나 아프리카 등 새로운 지역의 신화가 활용될 수 있겠지요. 앞으로 어떤 이야기가 세계인의 주목을 받게 될까요?

태양신의 얼굴은 몇 개일까?

세상의 모든 것들은 어떻게 만들어졌을까요? 자연이 탄생하는 과정이 담긴 흥미로운 이야기들이 신화 속에 가득 담겨 있답니다. 세상을 만드는 이야기라 해서 창세 신화라고 부르기도 해요. 이 신화들은 주변 환경이 바뀌면 자연스럽게 소재나 내용도 그 환경에 따라 조금씩 바뀌게 되지요. 반짝이는 모래에 넘실대는 파도가 아름다운 바닷가 지역은 어떻게 탄생되었을까요?

먼 옛날 최초의 여자가 있었어요. 바로 바다의 여신이었죠. 이 여자는 바다 깊은 곳에 있는 영원한 침묵의 나라에서 살았어요. 그곳은 무릎 위에 턱을 올려놓아야 할 정도로 아주 좁은 곳이었어요.

바다의 여신은 그곳에서 6명의 아이를 낳았는데, 3명은 왼쪽 옆구리로 낳았고, 다른 3명은 오른쪽 옆구리로 낳았어요. 아이들 가운데 가장 먼저 태어난 것은 달의 신이었죠. 달의 신은 남자였어요. 달의 신은 좁은 침묵의 나라에서 위로 올라가 바깥 세계로 통하는 입구를 발견하고 그곳을 자기의 집으로 삼았어요. 둘째는 물고기를 돌보는 신이 되어 달의 신이 사는 집 아래에 있는 섬에 자리를 잡았지요. 둘째의 얼굴은 오른쪽은 사람이지만 왼쪽은 멸치의 모습을 하고 있었어요. 셋째는 둘째의 집 아래에 있는 붉은 앵무새의 깃털 나라에서 살았고, 넷째는 허공에 떠 있는 회색 바위의 나라에서 살았어요. 다섯째는 지혜를 알려 주어 사람들을 돕는 신이 되었고, 여섯째는 어머니가 사는 침묵의 나라에서 함께 살았답니다.

　이 신화는 어떤 지역의 신화일까요? 바다와 가까운 남태평양에서 전해지는 신화예요. 세상에 신들이 태어나는 모습을 이야기하는 신화인데, 모두 바다와 관련이 있지요? 어두운 밤바다를 무섭지 않게 비춰 주는 달의 신인 첫째, 멸치의 모습에 물고기를 돌보는 둘째의 모습이 특히 그런 것 같아요. 넷째가 사는 회색 바위의 나라는 마치 바다 위에 드러난 암초 같지 않나요? 해안 지역이 아닌 곳에서는 어떤 이야기가 펼쳐질까요? 그럼 역시 세상에 신들이 태어나는 다른 신화 하나를 읽어 볼까요?

처음 세상에 두 나라가 있었어요. 하나는 불꽃의 나라, 다른 하나는 얼음의 나라였지요. 불꽃의 나라와 얼음의 나라 사이에는 뜨겁지도 않고 춥지도 않은 곳이 있었어요. 언젠가부터 뜨겁지도 춥지도 않은 곳과 가까운 얼음의 나라에서 얼음이 녹기 시작했어요. 녹은 얼음 속에서 몸집이 엄청나게 큰 거인 하나가 땀을 뻘뻘 흘리며 모습을 드러냈어요. 겨드랑이에서 흘러나온 땀에서는 남자와 여자 거인 한 쌍이 태어났어요.

얼음은 계속 녹았고, 이번에는 덩치가 큰 암소 한 마리가 세상에 나타났어요. 거인들은 이 암소의 젖을 먹고 살았고, 암소는 얼음 속에 든 소금을 핥아 먹으며 살았어요. 암소가 핥은 얼음 속에서 신이 하나 태어났는데, 그 신은 여자 거인과 결혼해서 아이를 낳았어요.

이렇게 세상에는 신들과 거인들이 생겨났지요. 세상에 거인들이 점점 늘어나자 신들은 난폭한 거인들을 몰아내기로 하고 세상에 제일 먼저 나타난 큰 거인을 죽였어요. 신들은 거인의 살로 땅을 만들었고, 뼈로는 산을 만들었지요. 이빨과 턱으로는 바위와 돌을 만들었어요. 거인의 몸에서 흘러나온 엄청난 피는 바다와 호수가 되었죠. 신들은 마지막으로 거인의 머리뼈로 하늘을 만들었어요.

이 신화는 추운 지역인 북유럽에서 전해지는 천지 창조 신화예요. 이 신화도 세상이 어떻게 만들어졌는지를 알려 주고 있죠? 얼음의 세계 속에서 신과 거인이 태어났고 거대한 거인의 몸으로 세상이 만들어진 거예요.

바다와 가까운 지역과 얼음이 꽁꽁 어는 추운 지역의 신화가 조금씩 달라요. 두 지역의 신화 모두 세상이 만들어지는 이야기를 하고 있지만 각 지역의 자연환경에 따라 세상을 만드는 재료가 서로 달라요. 음식에 비유하면 가지고 있는 재료로 음식을 만드는 거예요. 시금치로 콩나물 무침을 만들 수는 없는 법이겠죠? 이처럼 살아가는 자연환경이 달라지면 신화의 이야기도 다른 모습을 하게 된답니다.

오랜 옛날부터 농사를 짓고 살아온 우리나라와 일본은 예로부터 태양을 한 해의 풍년을 가져다주는 고마운 존재라고 여겼어요. 일본 국기 속에 그려진 빨간 원도 바로 태양을 상징해요. 우리나라와 일본뿐만 아니라 오랫동안 농사를 지으며 살아온 나라의 사람들은 대부분 태양을 풍요를 가져다주는 고마운 존재로 여겼답니다. 농사를 지을 땐 적절한 햇빛이 꼭 필요하거든요. 덕분에 우리나라와 일본의 신화에서는 태양신이 아주 훌륭한 신으로 그려지곤 합니다. 일본에는 '하늘에서 빛난다'라는 의미를 지닌 아마테라스라는 태양신이 있어요. 우리나라와 비슷한 위도에 위치한 그리스의 신화 속에 등장하는 아폴론도 태양을 다스리는 신이지요. 인도에는 힌두교의 태양신 수리아가 있어요. 일곱 마리의 말이 끄는 마차로 하늘을 달리며 세상을 감시하죠. 우리나라의 이야기 속에서도 태양은 종종 절대권력을 가진 왕으로 비유되기도 해요. 우리나라의 옛 이야기 속에서 두 개의 태양이 떠오르는 건 반역자가 나타났다는 걸 의미하기도 하지요.

그런데 중동처럼 사막이 드넓게 펼쳐진 곳에서도 과연 태양을 고마운 존재라고 느낄까요? 중동 사람들은 대체로 이글이글 타오르는 태양을 사람들을 괴롭히는 사악한 존재라 생각했어요. 견딜 수 없이 뜨거워 숨이 턱턱 막히게 만드는 존재가 고마울 리 없죠. 사하라 사막을 품고 있는 이집트의 신화 속에는 아툼, 라 등 여러 태양신이 있는데요, 그중 세트라는 태양신은 아주 사악한 악마와 같은 존재로 그려지고 있어요. 현대에도 세트는 악한 신이라 여겨지고 있답니다.

각 지역의 자연환경에 따라 세상이 만들어지는 신화의

소재와 내용이 조금씩 달라졌던 것과 달리, 의식주와 같이 사람이 살아가는 데 공통적으로 꼭 필요한 것들을 담은 이야기는 여느 신화 속에서도 크게 달라지지 않아요. 살기 위해 옷을 입고, 밥을 먹고, 몸을 뉘일 집이 있어야 한다는 것은 세계 어느 곳에서도 변하지 않는 불변의 진리이기 때문이지요. 그리고 사람은 누구나 예외 없이 죽음을 맞이한다는 것도 다르지 않아요. 그래서인지 동양과 서양의 신화는 서로 다른 점도 있지만 비슷한 부분도 참 많답니다.

대홍수 신화는 자연과 관련된 재난이지만 전 지구에서 일어난 일이자 전 인류가 공통적으로 경험한 것이었기 때문에 세계 곳곳에서 비슷한 신화가 탄생할 수밖에 없었어요. 대홍수와 같은 자연 재난을 만났을 때는 배를 만들어 생존해야 한다는 것이 모두의 결론이었죠.

의식주와 같이 사람들에게 꼭 필요한 요소를 다룬 신화와 전 지구에서 일어났기 때문에 인류가 함께 겪었던 사건을 다룬 신화는 동·서양을 가리지 않고 비슷한 이야기의 양상을 띠고 있어요. 참 신기하지요? 이처럼 신화는 겉으로는 서로 다른 듯해 보이지만 공통된 주제를 다루고 있는 이야기가 많이 남아 전하기 때문에 많은 사람들에게 쉽게 다가갈 수 있는 힘을 지니고 있답니다.

일주일에 담긴 신화

일주일은 왜 7일일까요? 일주일이 7일이 된 배경도 신화와 관련이 있답니다. 일주일이 7일이 된 유래는 『성경』에서 찾아볼 수 있어요. 하나님이 6일 동안 세상을 창조하고 일곱 째날 쉬었다는 이야기에서 '일주일=7일'이라는 시간의 범위가 생겼지요. 그리스도교라는 종교에 의해 세상에 일주일은 7일이라는 리듬이 생긴 거예요.

그렇다면 그리스도교가 우리나라에 들어오기 전 우리의 일주일은 며칠이었을까요? 동양에서는 '열흘 순(旬)'이라는 한자를 사용해서 상순, 중순, 하순이라는 말을 사용했어요. 순은 열흘의 단위예요. 과거 동양의 일주일은 7일이 아닌 10일이었지요. 무척 길죠? 그래서 그 절반인 5일을 행사의 단위로 쓰기도 했답니다. 5일에 한 번 열리는 시장인 오일장처럼 말이에요.

우리는 오늘날 서양에서 들여온 '일주일=7일'이라는 시간의 흐름 속에서 살고 있어요. 일주일은 각각 해(日)와 달(月)을 의미하는 일요일, 월요일과 또다른 의미를 지닌 화·수·목·금·토요일로 구성되어 있어요. 서양에서도 일요일(Sunday)과 월요일(Monday)은 해(Sun)와 달(Moon)에서 유래했지요. 일요일은 해의 날, 월요일은 달의 날이 된 거예요. 일요일과 월요일을 제외한 요일의 영어 이름은 로마 신화와 북유럽 신화에 등장하는 신들의 이름에서 유래했어요. 어떤 신들이 어떤 요일을 의미하는지 다음 표를 보면 알 수 있어요.

요일에 담긴 신화 속 신들의 이름

요일	영어	의미
월요일	Monday	달의 날
화요일	Tuesday	북유럽 법의 신 티르(Tyr)의 날
수요일	Wednesday	북유럽 최고신 오딘(Odin 또는 Wotan)의 날
목요일	Thursday	북유럽 전쟁의 신 토르(Thor)의 날
금요일	Friday	북유럽 아름다움의 여신 프레이야(Freya)의 날
토요일	Saturday	로마 신화 농업의 신 사투르누스(Saturnus)의 날
일요일	Sunday	해의 날

화요일부터 금요일은 북유럽 신의 이름에서 유래했지만, 토요일은 로마 신화의 농업의 신 이름인 사투르누스에서 유래됐어요. 요일과 관련된 북유럽 신들의 이야기를 가볍게 만나러 가 볼까요?

● 화요일의 신, 티르

법의 신 티르는 원래 북유럽 신화에서 최고신의 자리에 있었던 신이지만,

세월이 흐르면서 차츰 힘을 잃고 밀려나 결국 최고신의 자리를 오딘에게 내주었어요. 최고신의 자리에서 밀려났다는 것은 사람들의 인기를 잃었다는 것을 의미하기도 해요. 그래도 한때는 최고신이었기 때문에 화요일의 신이 될 수 있었답니다.

티르가 나오는 가장 유명한 이야기는 로키의 아들인 무시무시한 늑대 펜리르와의 일화예요. 로키의 첫째 자식이었던 펜리르를 기억하나요? 펜리르의 어마어마한 힘을 경계했던 북유럽의 신들은 난쟁이들이 만든 글레입니르라는 마법의 밧줄로 펜리르를 묶어 두었어요. 이때 펜리르가 자기를 속이려고 하는 게 아니냐는 의심의 눈초리를 던지자 티르가 속임수가 아니라는 증명으로 밧줄을 묶는 동안 펜리르의 입에 손을 집어넣고 있겠다고 했어요. 티르의 손은 과연 무사했을까요? 마법의 힘으로 묶여 밧줄을 풀 수 없게 되자 화가 난 펜리르는 결국 입 속에 있던 티르의 손을 물어 버렸어요. 펜리르에게 팔을 물린 티르는 결국 팔 하나가 잘린 외팔이가 되고 말았답니다.

● 수요일의 신, 오딘

오딘은 티르의 뒤를 이은 북유럽 신화의 최고신이에요. 그리스 신화에서

신들의 왕인 제우스와 같은 힘을 가진 신이라고 할 수 있지요. 그렇게 북유럽의 신들 중 가장 지혜로운 신이기도 해요. 오딘은 지혜를 얻기 위해 수많은 노력을 한 것으로 유명하지요.

오딘은 지혜의 샘물을 마시는 대가로 한쪽 눈을 뽑아 바쳤어요. 그렇게 눈이 하나뿐인 애꾸가 되고 말았지요. 그래서 오딘의 옆에는 그의 눈이 되어 주는 후긴과 무닌이라는 이름을 가진 두 마리의 까마귀가 언제나 함께 있어요. 후긴은 생각이라는 뜻을, 무닌은 기억이라는 의미를 지니고 있답니다.

한쪽 눈을 바쳐 지혜의 샘물을 마셨음에도 여전히 자신의 지혜가 부족하다고 생각했던 오딘은 우주를 품고 있는 거대한 나무에 거꾸로 매달려 스스로 창을 찔러 생명을 내주고 지혜를 얻게 되었어요. 7일 동안 죽은 상태로 나무에 매달려 있다가 되살아난 오딘은 18가지 마법을 갖게 되었지요. 마법의 힘을 얻은 오딘은 비로소 세상에서 가장 지혜로운 신이 될 수 있었어요.

● 목요일의 신, 토르

오늘날 북유럽 신화에 나오는 신들 가운데 가장 인기가 좋은 신은 토르예요. 영화 〈어벤져스〉 시리즈의 캐릭터로도 유명하지요. 토르는 엄청난 힘을 지닌 전쟁의 신이에요. 던지면 목표를 맞추고 되돌아오는 마법의 망치인 몰니르를 갖고 있지요. 토르는 전쟁의 신답게 북유럽 신화에서 가장 싸움을 잘하는 신이에요. 강한 힘을 이용해 온갖 사건을 해결하는 북유럽 신들의 해결사이기도 하지요.

● 금요일의 신, 프레이야

프레이야는 북유럽 신화에서 가장 아름다운 여신이랍니다. 그리스 신화의 미와 사랑의 여신 아프로디테라고 할 수 있지요. 프레이야의 이야기는 그녀의 아름다움 때문에 생기는 일화가 많아요. 신들뿐만 아니라 난쟁이나 추운 얼음 나라에 사는 서리 거인까지 그녀의 사랑을 얻기 위해 애를 썼거든요.

어떤가요? 영화에서만 보았던 북유럽 신들이 우리가 매일 쓰는 요일의 이름에도 자리하고 있었다니, 신화의 세계가 그리 멀지만은 않은 것 같죠? 눈을 크게 뜨고 주변을 둘러보아요. 신화 속 이야기가 곳곳에 숨겨져 있을 거예요.

5장

신화를 알면
무엇이 달라질까?

에우로페를 업은 제우스가 도착한 곳은?

　신화에 대해 알게 되면 베일에 가려져 있던 여러 가지가 보이기 시작해요. 개인부터 사회, 더 나아가 세계까지 좀 더 또렷하게 그 모습을 드러낼 거예요. 신화를 통해 세계를 배운다는 건 높은 산에 올라가 세상을 바라보는 것과 비슷하지요. 산 아래에 있으면 마을의 전체적인 모습이 잘 보이지 않죠? 하지만 높은 산 위로 올라갈수록 시야가 더 넓어지고 먼 곳까지 바라볼 수 있게 돼요. 강이 어떻게 흘러가고 산 너머에 무엇이 있는지 알기 위해서는 높은 곳으로 올라가야 하지요. 이처럼 신화를 읽는다는 건 높은 산 위로 올라가는 것과 비슷해요. 더 넓은 세상을 바라볼 수 있는 눈을 가질 수 있지요.

　신화를 통해 알 수 있는 지식도 참 다양해요. 앞서 살펴보았던 '미다스의 손', '프로크루스테스의 침대'와 같은 말은 지금도 자주 쓰는 말이지요. 우리가 매일 달력에서 보는 요일도 로마와 북유럽 신들의 이름에서 유래했었지요. 이외에도 우리 주변에는 신화에서 유래한 것들이 많아요.

'유럽(Europe)'을 소리 나는 대로 읽으면 '에우로페'예요. 에우로페는 지금의 터키 지역인 소아시아✶의 페니키아라는 나라의 공주였지요. 한 나라의 공주 이름이 유럽이라는 대륙의 이름이 되다니, 조금 알쏭달쏭하죠?

✶ **소아시아** 예로부터 아시아와 유럽의 교류가 오가던 통로로, 오늘날 터키 지역에 해당한다.

어느 날 페니키아의 공주였던 에우로페는 바닷가에서 시녀들과 어울려 놀고 있었어요. 그때 바다 너머에서 커다란 황소 한 마리가 헤엄을 쳐서 에우로페와 시녀들이 있는 곳으로 왔어요. 그러고는 에우로페 앞에 서서 마치 올라타라는 듯이 무릎을 꿇었지요. 에우로페는 이상한 힘에 이끌려 황소의 등에 올라탔어요. 에우로페를 태운 황소가 갑자기 벌떡 일어나 바다로 뛰어들었어요. 누가 말릴 사이도 없이 순식간에 벌어진 일이었지요. 시녀들은 에우로페를 업고 헤엄쳐 가는 황소를 그저 멍하게 지켜보는 수밖에 없었어요.

오랫동안 헤엄을 친 황소가 도착한 곳은 오늘날 그리스의 크레타 섬이었어요. 크레타 섬에 도착한 황소는 남성의 모습으로 변신했어요. 그 남성은 바로 올림포스 신들의 왕 제우스였지요. 제우스는 에우로페와 사랑에 빠졌답니다. 그리고 이들 사이에서는 미노스와 라다만티스, 사르페돈이라는 세 아들이 태어났어요. 그러나 죽지 않는 신과 죽음을 피할 수 없는 사람이 영원히 함께 지낼 수는 없는 법이지요. 결국 제우스는 크레타의 왕에게 에우로페와 세 아들을 부탁했어요. 마침 왕비와 아이가 없었던 크레타 왕은 에우로페와 결혼을 하고 세 아들을 자기 아들로 삼았어요.

훗날 장남인 미노스는 크레타의 왕이 되어 크레타 섬의 번영을 이끌었어요. 그것을 오늘날 크레타 문명 또는 미노스 문명이라고 불러요. 크레타는 그리스에서 가장 먼저 문명이 발달한 곳이고, 서양에서 그리스 문명이 가장 오래되었으니 서양 문명의 발상지라고 할 수 있겠네요. 실제로 그리스는 수많은 서양 문화가 태어난 곳이기도 하지요. 철학을 비롯해 연극과 극장, 올림픽, 민주정치 등 아주 많은 것들이 그리스에서부터 시작되었죠.

에우로페를 등에 업은 제우스는 소아시아에서 크레타 섬까지 바다를 통해 건너갔는데요, 바로 이 지역이 오늘날 그리스부터 서쪽 지역으로 펼쳐진 곳을 가리키는 유럽이랍니다. 이는 유럽의 국가들이 힘을 모아 만든 유럽연합

(European Union) 기구에서 EU의 역사, 즉 새로운 유럽의 역사를 쓸 때 가장 첫머리에 밝힌 내용이에요. 유럽이라는 말이 에우로페가 건너온 곳에서 유래했다는 이야기이지요. 이로써 에우로페는 유럽을 상징하는 인물이 되었어요.

에우로페의 신화 속에는 유럽의 지명에 관한 유래뿐만 아니라 서양의 문명이 그리스의 크레타 섬에서 시작되었다는 것을 살짝 엿볼 수 있는데요, 서양 사람들이 왜 그렇게 그리스를 좋아하고, 마치 성지순례를 하듯이 그리스를 찾는지도 이해할 수 있지요.

황소로 변신한 제우스가 한 나라의 공주를 납치해 바다를 건너 도망쳤다는 어처구니없어 보이는 신화 속에 이렇게 많은 정보들이 곳곳에 숨겨져 있었어요. 그것은 비단 에우로페의 신화뿐만이 아니에요. 다른 신화 이야기 속에도 겉으로는 보이지 않는 많은 것들이 숨어 있답니다. 신화를 읽고 숨은그림찾기를 하듯이 이야기 속에 숨겨진 문화와 역사, 의미와 같은 것들을 찾다 보면 많은 것을 발견하게 되고, 상식의 나무가 쑥쑥 자랄 거예요.

신화가 조상들의 잔소리라고?

세상에서 가장 중요한 것은 무엇일까요? 바로 '나'입니다. 내가 없으면 세상이 무슨 의미가 있을까요? 세상을 내 마음대로 해도 된다는 말은 아니지만, 내가 없으면 아무것도 할 수 없으니 내 삶의 모든 것은 나로부터 시작된다고 할 수 있지요. 그래서인지 신화에는 유독 내가 누구인지, 자기를 아는 것에 관한 이야기가 많아요. 앞서 나르키소스와 에코 이야기를 함께 읽으며 자기가 누구인지를 알고 내면을 가꾸는 것이 얼마나 중요한 일인지 살펴보았어요.

그렇다면 나는 어떤 사람이 되어야 할까요? 이 물음에 대한 답은 여러분도 이미 잘 알고 있을 거예요. 집에서 그리고 학교에서 늘 듣는 말이니까요. 도덕 교과서에도 잘 나와 있지요. 그건 예전에도 다르지 않았어요. 옛날 사람들도 어떤 사람이 되어야 하는지 마치 잔소리를 하듯이 후손들에게 끊임없이 말했거든요. 그 잔소리가 이야기로 탄생된 것이 바로 지금 우리가 만나고 있는 신화랍니다.

신화는 과연 우리에게 어떤 사람이 되어야 한다고 이야기하고 있을까요? 흔히 메두사를 끔찍하고 무서운 괴물 이야기로 알고 있는 사람들이 많지만, 사실은 사람이 어떻게 살아야 하는지 알려 주는 신화이기도 합니다. 손을 내밀어 메두사의 머리카락을 만지러 가 볼까요? 물론 돌로 변하지는 않을 거예요.

메두사는 여왕이라는 의미를 지닌 이름이에요. 메두사의 흉측한 얼굴과는 전혀 다른 이름이죠? 원래 메두사는 이름에 걸맞게 매우 아름다운 여자였어요. 당시 그리스의 여자들은 노예나 하층민을 제외하고 바깥을 돌아다닐 수 없었어요. 여자가 집 밖으로 외출할 수 있는 건 축제 때나 가능했지요. 단 하나, 예외가 있다면 신을 모시는 신전의 무녀가 되는 거예요. 메두사는 지혜의 여신 아테나를 섬기는 신전의 무녀가 되었지요.

아름다운 외모의 메두사가 신전의 무녀가 되자 사람들이 아테나의 신전으로 몰려오기 시작했어요. 아테나 신을 모시기 위함이 아닌 아름다운 메두사를 보기 위해서였지요. 사람들은 보이지 않는 아테나 여신 대신 직접 눈으로 볼 수 있는 인간 메두사의 아름다움을 찬양하기 시작했어요. 메두사는 사람들의 칭찬에 괜히 우쭐해졌지요. 시간이 흘러 메두사의 우쭐함은 변질되어 차츰 오만함으로 변하기 시작했어요. 심지어 자기가 아테나 여신보다 더 아름답다고 생각하기도 했지요.

메두사의 오만함에 기름을 부어 활활 타오르게 만든 것은 바로 바다의 신 포세이돈이에요. 포세이돈은 메두사의 아름다움에 반해 메두사와 연인이 되었거든요. 강력한 힘을 가진 포세이돈과 연인이 된 메두사는 더 이상 두려울 게 없었어요. 메두사는 세상에서 자신이 가장 아름답다고 생각했고, 마음속에는 자만심과 오만함이 가득차기 시작했어요. 한껏 오만해진 메두사는 다른 사람들을 멸시하고, 심지어 자신이 모시고 있는 아테나 여신을 조롱하기까지 했어요. 이런 모습을 두고 볼 수 없었던 아테나는 메두사에게 큰 벌을 내렸죠. 메두사의 머리카락은 모두 뱀으로 변하게 하고, 얼굴은 흉측한 괴물로 만들어 버렸어요. 게다가 메두사와 마주치는 사람들은 누구나 돌로 변해 버리는 저주까지 내렸지요.

　무시무시한 괴물이 되어 버린 메두사의 주변에는 이제 아무도 얼씬거리지 않았어요. 어느 누가 돌이 되고 싶겠어요? 메두사는 더 이상 전처럼 아름답지도 않았고, 그 아름다움을 찬양하는 사람도 없었죠. 결국 메두사는 아무도 없는 외진 곳에서 혼자 외롭게 살아야 했어요. 과도한 오만함으로 신을 조롱한 메두사의 비참한 최후였지요.

　어느 날 그리스 신화 속 영웅 가운데 한 명인 페르세우스는 어머니를 살리기 위해서 메두사의 머리가 필요했어요. 하지만 메두사는 눈이 마주친 사람을 돌로 만들어 버리는 무서운 괴물이었기 때문에 바로 메두사를 찾아갈 수 없었어요. 고민에 빠진 페르세우스는 지혜의 여신 아테나에게 어떻게 해야 안전하게 메두사의 목을 벨 수 있는지 물었어요. 아테나는 페르세우스에게 방패를 거울처럼 아주 깨끗이 닦으라고 귀뜸을 해 주었어요. 아테나 여신의 말을 따른 페르세우스는 깨끗이 닦은 방패를 들고 뒷걸음질을 하며 방패에 비친 메두사를 향해 걸어가서 눈을 질끈 감고 칼을 휘둘러 메두사의 목을 베었어요. 메두사의 목에서는 피가 흘러나왔고, 거기서 날개가 달린 말인 페가수스가 태어났어요.

메두사의 이야기 속에는 과연 어떤 생각이 담겨 있을까요? 나르키소스의 신화가 힌트랍니다. 나르키소스의 이야기에서 나르키소스는 연못에 비친 자기의 얼굴을 보게 되었지요. 마찬가지로 메두사는 페르세우스의 거울처럼 깨끗하게 닦은 방패에서 자기의 얼굴을 마주하게 돼요. 페르세우스가 방패를 들고 뒷걸음질을 하며 다가올 때 메두사는 방패에 비친 자기의 얼굴을 보았을 거예요. 한때는 무척이나 아름다웠지만 괴물처럼 변하고 만 자신의 얼굴을 본 거죠. 자만과 오만에 찌든 추악한 얼굴이었어요. 메두사는 페르세우스의 방패를 통해 자신의 얼굴을 마주하고 그동안 얼마나 못되게 살았는지 깨달았을 거예요.

메두사가 페르세우스의 칼에 맞아 죽은 것은 달리 생각하면 과거의 못난 자기 자신을 죽인 것으로 생각할 수 있어요. 세상에서 자신이 가장 잘났고, 최고라는 오만한 생각을 죽인 거예요. 우리 주변에도 이런 사람들이 있죠? 남이야 어떻게 되든 자기가 최고라고 생각하며 남들을 멸시하고 조롱하는 오만한 사람들 말이에요.

메두사는 방패에 비친 자신의 못난 모습을 보며 그동안의 잘못을 깨달아요. 죽음을 받아들인 메두사의 핏속에서는 날개가 달린 말인 페가수스가 태어났죠. 말은 멀리 달릴 수 있는 동물이에요. 그런데 날개까지 달려 있다면 어디든 갈 수 있겠죠? 어디든지 달려가거나 날아갈 수 있는 페가수스는 바로 자유를 상징해요. 오만한 생각에 갇혀 있던 메두사가 자기의 잘못을 깨닫고 페가수스를 낳은 것은 비로소 자유로워진 메두사를 의미해요. 자기가 최고라는 오만함 때문에 남들과 어울리지 못하고 홀로 지내다가 이제 어디든 갈 수 있게 된 거죠.

자기의 겉모습에 빠져 결국 죽음에 이르고 말았던 나르

키소스 신화와 진정한 내면의 아름다움을 비추었던 거울 이야기인 백설공주 이야기 그리고 마지막으로 메두사의 신화는 모두 비슷한 이야기를 하고 있어요. 자기가 어떤 사람인지 거울에 비추어 자신의 모습을 되돌아보라는 거예요. 물론 겉모습이 아닌 내면 말이지요. 자기의 모습을 비추어 보고 잘못된 점을 반성하고 더 나은 삶을 살려는 성찰의 자세가 필요해요.

우리는 늘 거울을 통해 얼굴을 비추어 보지요. 하지만 그 속에 담긴 내면을 보는 건 쉽지 않아요. 메두사의 이야기는 우리에게 얼굴을 비롯한 겉모습만 보지 말고 마음속까지 살피어 내면이 아름다운 사람이 되어야 한다는 교훈을 전하고 있어요. 지금 내 마음의 상태가 어떤 상태인지, 혹시 나쁜 마음을 먹고 있는 것은 아닌지 잘 살피어 아름다운 내면을 가꾸어야 하지요. 여러분의 지금 마음은 어떤 상태인가요?

수많은 인생의 고민, 신들은 뭐라고 답할까?

이제까지 우리는 신화란 무엇인지, 신화에는 어떤 이야

기들이 담겨 있는지, 그 이야기들이 품고 있는 생각은 무엇인지 살펴보았어요. 그렇다면 과연 오랜 옛날부터 지금까지 사라지지 않고 우리 주변에서 여전히 살아 숨 쉬고 있는 신화의 힘은 무엇일까요? 신화가 지닌 진정한 힘은 과연 어떤 것일까요? 사실 이 물음은 짧은 한마디로 대답하기에는 굉장히 어렵답니다. 신화는 기계가 아니라서 그 특성을 명확하게 설명하기 힘들거든요. 게다가 신화와 같은 이야기는 눈에 보이는 것이 아니기 때문에 손에 잡히는 무언가를 분명하게 보여 줄 수도 없어요. 우리의 삶이나 신화는 수학처럼 정해진 답이 있는 것은 아니지만 분명 우리의 곁에 존재하지요.

신화의 힘은 어떤 것들이 있는지 함께 찾아볼까요? 먼저 생각해 볼 수 있는 것은 신화는 교과서와 같은 힘을 지니고 있다는 것이에요. 문자가 발명되기 이전에는 살아가는 데 꼭 필요한 지식이나 삶의 지혜를 입에서 입을 통해 말이나 이야기로 전해야 했어요.

우리나라의 울산에 가면 반구대 암각화라는 유명한 바위그림이 있어요. 아주 오랜 옛날 신석기에서 청동기에 걸쳐 그곳에 살던 사람들이 바위에 그린 그림이에요. 반구대 암각화는 특히 고래 그림이 많기로 유명해요. 세계에서 가장 오래된 고래 그림으로도 유명하기도 하지요. 암각화를 자세하게 보면 범고래, 흰긴수염고래, 귀신고래 등 서로 모습이 다른 여러 종류의 고래들이 그려져 있어요. 작살로 고래를 잡는 모습도 묘사되어 있지요. 고래 외에도 소와 호랑이, 사슴과 같은 육지에 사는 동물, 사람, 배, 그물과 작살 등 약 353점의 그림이 그려져 있어요.

이 그림들이 담고 있는 여러 가지 기능 가운데 하나는 그림을 통한 교육이에요. 글자가 없던 선사시대에는 그림을 통해 후손들에게 지식이나 기술을 전달하는 것이 효과적이었을 거예요. 바위에 전하고자 하는 내용이 담긴 그림을 그려서 글로 전달할 수 없는 지식을 전달했지요. 신화는 그림 대신 말을 통해 사람들에게 보이지 않는 교과서의 역할을 했답니다. 문자가 없었던 오랜 옛날에는 전달력이 강한 신화가 삶의 교과서 역할을 하며 고대 사회를 이끌어 왔지요.

앞서 살펴본 여러 신화를 생각해 보면 쉽게 이해가 될 거예요. 대홍수 신화에서 시작해 처음에 살펴본 아메리카 원주민 신화인 움직이지 않는 별 북극성 이야기, 외부인이 한 집단에 속해지는 사회화 과정을 보여 주는 단군 신화, 탐욕을 경고하는 미다스의 신화, 자기애에 대해 말하고 있는 나르키소스 신화, 알비스와 토르의 신화 등 모두 무엇인가

를 알려 주는 내용이죠? 다만 학교에서 교과서로 배우는 것들은 대체로 답이 정해져 있어요. 그래서 시험을 보고 성적에 따라 등수를 정하기도 하죠. 그러나 신화에서 알려 주는 이야기에는 정해진 답이 없다는 점에서 교과서와는 조금 달라요.

사실 신화의 힘은 바로 여기에 있습니다. 세상에는 답이 정해져 있는 것도 있지만 정답이 없는 것들이 훨씬 많아요. 인류의 조상들은 오랫동안 이렇게 정해지지 않는 답에 관한 물음을 어떻게 풀어야 할지 고민했어요. 풀리지 않는 물음에 우리의 조상들이 내놓은 대답 가운데 하나가 바로 신화예요. 앞에서 본 필레몬과 바우키스의 신화는 어려움에 처한 타인을 외면하지 않고 도움의 손길을 기꺼이 건네어 함께 살아가는 것을 알려 주고, 단군 신화에서는 곰과 호랑이가 사람이 되기 위해 캄캄한 동굴 속에서 쑥과 마늘을 먹으며 견뎠듯이, 원하는 것을 얻기 위해서는 인내의 과정이 필요하다는 것을 알려 주고 있어요.

난처한 상황에 처한 나그네에게 도움의 손길을 건넨 필레몬과 바우키스 그리고 하루종일 해도 보지 않고 마늘과 쑥만 먹으며 인간이 된 곰의 선택이 꼭 정답은 아니에요. 타인에게 선뜻 도움의 손을 내밀 만큼 내 상황이 여유롭지 않거나, 원하는 것에 비해 그 과정이 너무 고통스러울 때는 포기해도 돼요. 선택은 오로지 여러분의 몫이에요. 다만 우리 인류의 조상들이 신화 속에 담겨진 이야기를 통해 후손에게 어떤 선택을 하는 것이 더 현명하며 사람답게 사는 것인지를 알려 주려고 했다는 것을 간과해서는 안 돼요.

인드라가 깨달은 진정한 행복은 무엇일까?

이제 신화와 함께하는 여행이 막바지에 이르렀어요. 세계의 신화 속 다채로운 이야기와 함께 신화가 지닌 다양한 모습들을 만나 보았는데요, 신화와 좀 친숙해졌나요?

우리는 사회 복지에 대해 말할 때 '요람에서 무덤까지'라는 말을 종종 쓰곤 합니다. 태어날 때부터 죽을 때까지 행복하게 살 수 있어야 한다는 의미가 담겨 있지요. 신화도 탄생부터 죽음까지 우리의 삶 전체를 다루고 있어요. 신화는 개인뿐만 아니라 사회 속에서 타인과 함께 살아가는 공동체 생활, 심지어 대홍수와 같은 자연재해까지 다루고 있다는 것도 살펴보았어요.

마지막으로 신화를 통해 우리가 어떻게 하면 행복하게

살 수 있을지에 대해 살펴볼까 해요. 행복한 삶은 사람이 살아가는 데 최종의 목표일지도 몰라요. 정말 중요한 삶의 조건이지요. 그래서 그런지 행복의 조건을 다룬 신화는 많이 전해져 내려오고 있어요. 우리의 단군 신화도 그렇죠. 하늘에서 내려온 환웅과 곰에서 사람이 된 웅녀가 하늘과 땅을 이어 주는 신성한 나무인 신단수 앞에서 결혼식을 하는 모습은 성스럽고 행복한 장면이지요.

행복의 조건을 다룬 신화를 한번 읽어 볼까요? 이번에는 인도로 떠나 볼 거예요. 아시아에 위치한 인도는 땅도 매우 넓고 아주 오랜 옛날부터 사람들이 살았던 곳이기 때문에 많은 신화가 전해 내려오고 있어요. 그중 신들의 왕 인드라가 궁전을 짓다 삶의 깨달음을 얻은 사연의 인도 신화를 읽어 보죠.

인도 신화에 전해 내려오는 인드라는 그리스 신화의 제우스처럼 강력한 힘을 가지고 있어요. 즉 신들의 왕이라고 할 수 있지요. 어느 날 인드라는 자신만큼 아주 강한 힘을 가진 악마가 세상을 어지럽히는 것을 목격했어요. 인드라는 무시무시해 보이는 악마와 싸워 이길 자신은 없었지만, 혹시나 하는 마음에 악마를 향해 벼락을 있는 힘껏 던졌어요. 그런데 허무하게 악마가 벼락을 맞고 바로 죽어 버리는 게 아니겠어요?

악마를 쉽게 물리친 인드라는 신이 났지요. 강한 힘을 가진 무서운 악마를 단번에 물리쳤다는 생각 때문에 우쭐해졌어요. 기세등등해진 인드라는 신들의 궁전을 전문적으로 짓는 목수를 불러서 자기의 뛰어난 성공과 훌륭한 명성에 어울리는 궁전을 지으라고 명령했어요. 목수는 웅장하고 화려한 궁전을 지어 인드라에게 보여 주었어요. 그러나 인드라는 목수가 지어 준 궁전이 마음에 들지 않았어요. 인드라는 목수에게 더 멋있고 훌륭한 궁전을 지으라고 말했죠. 이런 일이 몇 번이고 되풀이되자 결국 목수는 화가 났어요.

성이 난 목수는 세상을 창조하는 신인 브라흐마를 찾아가서 인드라의 끊임없는 탐욕에 대해 말했지요. 인도에서는 브라흐마가 눈을 뜨면 세상이 창조되고, 비슈누라는 신이 그 세상이 잘 돌아가게 유지하며, 시바라는 신이 세상을 파괴하고, 브라흐마가 눈을 감으면 한 번의 세상이 끝난다고 해요. 브라흐마가 눈을 떴다가 감으면 세상은 어떻게 될까요? 무려 43만 2000년의 시간이 흘러가 버린대요. 어마어마하죠?

다음날 인드라 앞에 한 소년이 찾아왔어요. 소년은 인드라에게 다짜고짜 "네가 궁전을 짓는다는 인드라냐?" 하고

물었어요. 그리고 열을 맞춰 지나가는 개미 떼를 가리키며
말했어요.

"저들이 너 이전에 살았던 인드라야"

인드라는 소년의 말에 너무 놀라서 그 자리에 주저앉을
뻔했어요. 도대체 무슨 일일까요?

그러고는 가슴에 털이 많이 난 사람이 들어오며 "내 가
슴의 털은 브라흐마가 눈을 떴다가 감을 때마다 털이 하나
씩 빠진다네"라고 말했어요. 인드라가 그 남자의 가슴을 보
니 가슴의 털이 반쯤 빠진 상태였지요. 그만큼의 털이 빠졌
다면 도대체 얼마나 많은 시간이 지난 걸까요?

인드라는 그제야 사치스러운 궁전을 짓는 일이 대단한
것이 아님을 깨달았어요. 인드라는 곧바로 궁전 짓는 일을
포기했지요. 화려하고 장엄한 것만이 인생에 중요한 것이
아님을 알게 된 거예요. 그 후로 인드라는 탐욕을 경계하
며 홀로 수행을 시작했어요.

얼마 후 인드라에게 현자*가 찾아왔
어요. 현자는 자기가 사랑에 대한 책을
쓰고 있다고 말했어요. 인드라가 책의
내용을 물어보자 현자는 가까운 사람들과 즐겁고 행복하
게 살기 위해 사랑이 필요하다는 내용이라고 대답했어요.

> * 현자 성인 다음으로 어
> 질고 총명한 사람.

인드라는 현자의 대답에 다시 깨달음을 얻었어요. 홀로 외롭게 고행을 하며 시간을 보낼 것이 아니라 주변에 있는 사람들과 함께 어울리며 살아야 한다는 것을 말이죠.

인드라 신화는 성공과 행복에 대해 이야기하고 있어요. 우리에게 인생에서 성공한다는 것이 무엇이고, 그 성공과 행복은 어떻게 조화를 이룰 수 있는지 알려 주고 있지요. 사회적으로 성공했다고 해서 무조건 행복한 인생을 살 수 있는 건 아니에요. 성공에 대한 정의도 단 하나로 내릴 수는 없지요. 훌륭한 집을 가졌거나, 돈을 많이 벌었다고 해서 꼭 삶이 행복해지는 건 아니라는 말이에요. 가족과 친구들 등 주변 사람들과 사랑을 나누며 살 때 진정한 행복의 가치를 느낄 수 있지 않을까요? 물론 그렇다고 해서 돈을 많이 벌어도 행복해질 수 없다는 건 아니에요. 사람들은 서로가 가진 것을 함께 나눌 수 있는 좋은 사람들이 필요하다는 이야기지요.

신화의 세계를 탐색하는 여행이 드디어 끝났습니다. 신화는 인류가 만들어 낸 가장 오래된 정신적인 생산물이기에 매우 깊고 넓어서 단번에 그 발자취를 따라가는 것은 무척 어려운 일이에요. 그렇다고 지레 물러설 필요는 없어요. 신화는 귀를 사로잡는 재미있는 이야기로 전하고 있어

서 금세 친해질 수 있으니까요. 그건 친구를 사귀는 것과 비슷해요. 처음 만난 친구에게 마음을 열고 즐겁게 지내면서 차츰 서로를 알아가는 거죠. 그렇게 만나 평생을 함께하는 친구가 되기도 합니다. 신화도 여러분의 좋은 친구가 될 수 있을 거예요.

물건은 새것이 좋지만, 친구는 오래될수록 좋다는 말이 있죠. 신화는 길고 오랜 인류의 역사를 통해서 늘 오래된 친구처럼 우리와 함께했어요. 신화가 힘든 일이 생겼을 때 손을 잡아 주고, 따뜻한 위로를 건네주는 좋은 친구가 될 수 있을 거예요. 언제든 신화에 손을 내밀면 신화는 그 손을 맞잡아 줄 거예요. 신화는 인류가 오랫동안 살아오면서 옛 조상들이 부딪쳤던 문제를 어떻게 해결할지 고민했던 흔적이라고 했지요. 정해진 답은 없지만 우리 앞에 놓인 수많은 인생의 문제를 풀어야 할 때 귀를 기울이면 신화가 말을 걸어올 거예요.

우리 주변에는 신화에서 유래한 것들이 많이 있어요. 요일이나 행성의 이름부터 음악, 게임, 심지어 상표에서도 신화의 흔적을 발견할 수 있답니다.

신화와 관련된 음악 가운데 가장 유명한 것은 〈니벨룽겐의 반지〉일 거예요. 19세기 독일의 음악가 리하르트 바그너의 가족은 연극을 좋아했어요. 바그너는 음악에 무용과 문학을 더한 '악극'을 시도하기도 했지요. 바그너는 〈니벨룽겐의 반지〉라는 무려 16시간에 이르는 웅장한 오페라 대작을 작곡했답니다. 〈니벨룽겐의 반지〉는 북유럽 신화를 바탕으로 만들어졌는데요, 니벨룽겐은 난쟁이의 시조를 가리키는 말이에요. 〈니벨룽겐의 반지〉는 반지를 둘러싼 신과 인간 그리고 난쟁이의 이야기를 그리고 있지요.

북유럽 신화에는 마법사 오딘을 비롯해 난쟁이, 요정, 트롤 등의 흥미로운 존재가 많아요. 어디서 한 번씩 들어본 이름들이죠? 북유럽 신화의 요정은 난쟁이보다 작은 존재로 꽃을 돌보고 숲속에서 새들과 함께 살아가요. 가끔 아이들을 꾀어 숲으로 데리고 가기고 한답니다. 트롤은 힘이 매우 강하고 무시무시한 괴물로 사람을 잡아먹기도 해요. 긴 어금니와 날카로운 발톱, 무서운 얼굴이 특징이지요.

북유럽 신화에는 '놈'이라는 친구도 있어요. 옛날이야기에 자주 등장하는

뾰족한 모자를 쓴 난쟁이지요. 코볼드는 우리나라의 도깨비와 비슷한 존재예요. 사람들이 사는 마을 근처에 살면서 장작을 패 주거나 건초 더미를 옮겨 주기도 하는 착한 친구죠. 하지만 코볼드는 밤에만 움직이기 때문에 실제로 마주치기는 힘들다고 해요.

거리에서 삐뽀삐뽀 사이렌을 울리면서 달리는 구급차를 본 적이 있지요? 사이렌은 그리스 신화에 등장하는 세이렌이라는 괴물의 이름에서 유래했어요. 바다에 사는 세이렌은 아름다운 목소리로 노래를 불러서 바닷길을 지나는 선원을 유혹했지요. 세이렌의 노래에 한번 빠지면 절대 벗어날 수 없었어요. 죽을 때까지 세이렌의 노래를 들어야 했죠. 그래서 세이렌의 주변에는 해골이 가득했어요. 죽어서도 세이렌이 부르는 노래에서 벗어나지 못했기 때문이죠.

사이렌을 울리며 달리는 구급차의 옆구리에 그려진 독특한 문양을 본 적이 있나요? 바로 지팡이를 타고 올라가는 뱀의 모습이에요. 이 지팡이는 그리스 신화의 의술의 신 아스클레피오스의 지팡이랍니다. 고대 사람들은 아스클레피오스의 신전에서 하룻밤을 지내면 모든 병이 낫는다고 믿었어요. 아스클레피오스는 죽은 사람을 살려낼 정도로 뛰어난 의술을 가진 의사이기도 했거든요. 지금은 아니지만 예부터 뱀은 생명을 상징하기도 했어요. 봄마다 허물을 벗고 새로 태어나기 때문에 영원을 살 수 있는 동물이라 여겼지요.

신화에 등장하는 인물을 브랜드의 상표로 만든 것도 있어요. 전 세계적으로 유명한 커피 전문점인 스타벅스는 세이렌의 얼굴을 본 떠 회사의 로고를 만들었어요. 세이렌의 노래에 사람들이 홀려 빠져나가지 못했던 것처럼 전 세계인들이 스타벅스의 커피에 빠져들기를 원했던 걸까요?

한편 그리스 신화에서 가장 무서운 얼굴을 가진 메두사를 회사의 대표 이미지로 사용하는 곳도 있어요. 의상을 비롯해 향수, 시계 등 여러 제품을 만들어 내는 베르사체라는 패션 브랜드예요.

사치스럽다고 느껴질 정도로 화려하지만 거부할 수 없는 매력의 디자인을 뽐내는 베르사체 브랜드는 금빛 머리의 메두사를 로고로 하고 있어요. 사람들은 베르사체의 패션을 사치, 화려함, 쾌락주의로 설명하곤 하는데요, 메두사와 썩 잘 어울리는 이미지인 것 같지 않나요?

앞서 태풍을 의미하는 타이푼이 그리스 신화 속 괴물인 티폰의 이름에서 유래했다고 했지요? 태풍을 의미하는 또 다른 말이 있는데요, 바로 사이클

론(Cyclone)이에요. 사이클론도 타이푼처럼 그리스 신화에서 유래한 말이랍니다. 그리스 신화의 외눈박이 괴물 키클로프스(Cyclops)의 이름에서 영감을 받아 만들어졌죠. 키클로프스는 눈이 하나인 거인인데, 사람도 잡아먹을 정도로 아주 무서운 괴물이에요. 태풍도 종종 무시무시한 힘을 발휘해서 우리의 일상을 해치기도 하지요.